新时代领导力提升系列丛书

# 哲学思维二十讲

宋惠昌 ◎ 著

中共中央党校出版社

## 图书在版编目（CIP）数据

哲学思维二十讲/宋惠昌著．--北京：中共中央党校出版社，2024.4

ISBN 978-7-5035-7586-0

Ⅰ.①哲… Ⅱ.①宋… Ⅲ.①哲学-通俗读物 Ⅳ.①B-49

中国国家版本馆 CIP 数据核字（2023）第 129269 号

---

**哲学思维二十讲**

| | |
|---|---|
| 出版统筹 | 刘　君 |
| 责任编辑 | 卢馨尧 |
| 责任印制 | 陈梦楠 |
| 责任校对 | 魏学静 |
| 出版发行 | 中共中央党校出版社 |
| 地　　址 | 北京市海淀区长春桥路 6 号 |
| 电　　话 | （010）68922815（总编室）　（010）68922233（发行部） |
| 传　　真 | （010）68922814 |
| 经　　销 | 全国新华书店 |
| 印　　刷 | 中煤（北京）印务有限公司 |
| 开　　本 | 710 毫米×1000 毫米　1/16 |
| 字　　数 | 174 千字 |
| 印　　张 | 12.75 |
| 版　　次 | 2024 年 4 月第 1 版　2024 年 4 月第 1 次印刷 |
| 定　　价 | 48.00 元 |

微　信 ID：中共中央党校出版社　　邮　箱：zydxcbs2018@163.com

**版权所有·侵权必究**
如有印装质量问题，请与本社发行部联系调换

# 目 录

导 论 哲学思维：领导智慧的思想基础 ………………………… 1

## 第一篇 人：哲学思维的出发点和归宿
　第一讲　人性哲学思维的思想价值 ………………………………… 19
　第二讲　人是目的而不是手段 ……………………………………… 24
　第三讲　社会发展与人的解放 ……………………………………… 30

## 第二篇 客观理性思维的科学认识论意义
　第四讲　现实、事实、实践与真理：坚持哲学思维的客观性
　　　　　原则 ………………………………………………………… 39
　第五讲　抽象思维的特殊认识论价值
　　　　　——关于事物本质和规律的哲学思维 ……………………… 46
　第六讲　思辨思维的实质与方法论价值 …………………………… 57
　第七讲　反思思维的特殊方法论价值 ……………………………… 63

## 第三篇 哲学思维的逻辑学基础
　第八讲　逻辑：哲学思维的基本规则 ……………………………… 69
　第九讲　悖论的本质及其研究的思想价值 ………………………… 79
　第十讲　诡辩的本质以及戳穿诡辩的哲学思维价值 ……………… 83

1

## 第四篇　意志自由性思维的哲学研究价值

第十一讲　想象与悟性 …………………………………………… 89

第十二讲　直觉与灵感 …………………………………………… 95

第十三讲　非确定性思维、非线性思维…………………………… 100

## 第五篇　革命的批判性思维

第十四讲　革命的批判性思维的创造性本质……………………… 113

第十五讲　哲学怀疑论：批判性思维的思想基础………………… 126

## 第六篇　平等的多元性思维

第十六讲　为什么必须以多元性思维取代一元性思维…………… 141

第十七讲　科学认识和处理思维中的矛盾，不断提高思想

方法论水平………………………………………………… 155

## 第七篇　从开放性思维到自由的哲学思维

第十八讲　打破保守封闭性思维束缚，创造开放性思维的

思想新天地………………………………………………… 167

第十九讲　增强自由的哲学思维　开创哲学智慧之源…………… 179

第二十讲　以多元开放性思维为思想基础　创造社会主义

现代文明…………………………………………………… 191

## 后　记 ……………………………………………………………… 197

导 论

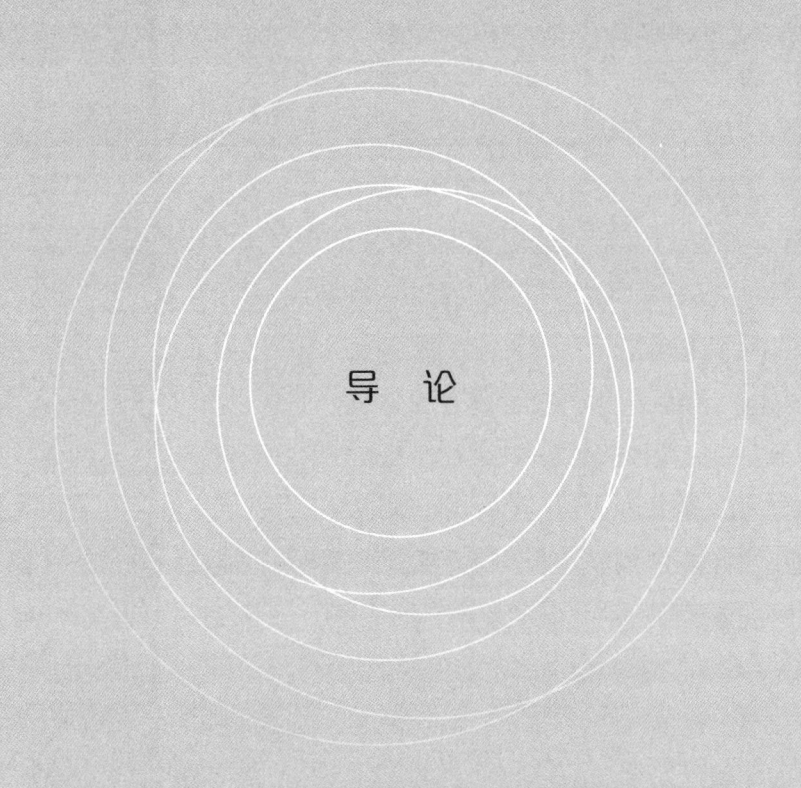

哲学思维：领导智慧的思想基础

现代社会的政治实践已经证明，学习哲学对提高领导工作的水平具有极端重要的价值。这个重要性是什么呢？概括言之，哲学思维作为领导智慧的运行和基础，实质就是展示作为哲学范畴思想的本质和价值。什么是哲学思维呢？从本质上说，哲学就是人的思想，哲学思维就是人的思想的运行过程。所以，要真正认识领导智慧的实质，必须对作为哲学范畴的思想进行全面准确的研究。

## 一、思想：哲学智慧的本质和价值

什么是思想？首先要肯定，思想属于哲学范畴，它是人的哲学思维的表现形式，其实质是人的思维能力和水平。在现实社会的精神生活过程中，人的思想的重要价值是它作为哲学范畴，反映着人对客观事物的本质和发展规律认识的深刻程度，这就是我们说的哲学是人的最高智慧的根本依据。人的思想又以各种不同的理论形式表现出来，所以，人的思想的深刻程度和彻底性表现为理论的高度科学性。实践证明，只有科学的理论才能具有真正的说服力。思想理论的说服力，就是哲学智慧的集中表现形式。如果进一步说，以深刻和彻底的思想为基础的科学理论，这就是我们所说的哲学智慧的基本内容，而这其中的思想，就是哲学智慧的核心内容。

许多人都认为，哲学是智慧之学，为什么？从根本上说，因为哲学本身就是思想，或者说是关于思想的思想。也就是说，哲学是专门研究思想的学问。那么，思想究竟是什么呢？大多数学者认为，思想是人所特有的，是人在实践中对客观事物认识的结晶——是一种特殊的意识形态，是人的意识发展的高级阶段，即由感性认识转化为理性认识，思想就是人的理性认识阶段的高级意识形态。这就是说，思想是人的哲学思维的特有精神成果。哲学只能是人的哲学，所以，作为哲学范畴的思想也只能是人特有的精神现象。由此可见，人之所以是人，一个本质性的标志——人必须是有思想的。或者说，判断人的最重要标准，是看他能不能进行正常思考，会不会进行正常判断，归根到底是看他有没有思想，等等。总而言之，思想是人才具有的本质特征。判断一个人的智慧程度，他的思想的深刻性是一个根本标志，或者说，思想是智慧的本质内容。

对于这个问题，哲学家通过思想的哲学研究得出了这样的结论：判断一个道德意义上的人格（Personhood）或人性（Humanity），必须具有以下几个最核心的特征："1. 意识（对外界事物和事件的意识以及/或者对内在世界的意识——特别是感知痛苦的能力）。2. 推理能力（后天发展出来的解决新问题和相对复杂问题的能力）。3. 自我驱动的活动（那种相对独立于基因或直接外界控制而存在的活动）。4. 有能力对无限种类的信息进行交流（无论以何种方式），即不仅仅能交流无限多的可能的内容，而且能对无限多的可能话题进行交流。5. 拥有自我概念和自我意识——不论是个体的还是种族的还是两者皆有"[1]。这就是人与思想之间的本质关系。

作为哲学范畴，思想这种意识形态，实际上反映着人的哲学思维能力及其结果，这样的思想表现为一定的观念体系，即形成某种理论形态，这就是说，思想在现实中是以理论形态表现出来的。概括地说，思想反映的是人的理性认识或者逻辑思维能力及其精神成果。也就是说，思想是通过一定的观念体系表现出来的理论形态。很显然，这样的理论形态或者观念体系，并不是人对客观事物的简单反映，而是经过人在思维过程中改造、加工等主观能动性行为对客观事物的精神再现。所以，思想是人的创造性思维的精神成果，即思想的本质就是它作为人的创造

---

[1] 〔美〕小西奥多·希克、刘易斯·沃恩著，柴伟佳、龚皓译：《做哲学：88个思想实验中的哲学导论》，北京联合出版公司2018年版，第45页。

性成果。因此，可以说，思想是人类哲学思维的精华。

我们已经说过，思想是人的哲学思维能力及其表现形式，这一点，集中反映在某种思想必然表现为一定的概念形式。我们说某种思想揭示了某种事物的本质，这意味着事物本质表现形式的抽象性质，这其中包含着严格的逻辑判断。这就是我们所说的作为哲学范畴的思想的实质。当然，思想的这些抽象的概念形式，即哲学范畴，归根到底是人在实践中获得的对客观现实的一种反映形式。

我们由此还可以进一步对思想做哲学上的概括，即思想是一种意识现象，是人对客观现实的一种反映形式，在本质上是思维与存在之间的关系——人的思想无论怎样高明，它毕竟是客观存在的反映，它的作用归根到底要取决于客观现实的性质。这就是马克思主义哲学的一个基本观点，即存在决定意识，或者说，作为人的意识的思想，是由人的社会存在决定的，是人们的物质活动的产物。对此，马克思指出："思想、观念、意识的生产最初是直接与人们的物质活动，与人们的物质交往，与现实生活的语言交织在一起的。人们的想象、思维、精神交往在这里还是人们物质行动的直接产物。表现在某一民族的政治、法律、道德、宗教、形而上学等的语言中的精神生产也是这样。人们是自己的观念、思想等等的生产者，但这里所说的人们是现实的、从事活动的人们，他们受自己的生产力和与之相适应的交往的一定发展——直到交往的最遥远的形态——所制约。"[①] 马克思这里所说的作为人们的物质行动的产物的政治、法律、道德、宗教、形而上学等思维形式即意识现象，就是我们所说的作为哲学范畴的思想。

毛泽东在其晚年的哲学论文中也明确指出了作为哲学范畴的思想是人的一种理性认识成果。他指出："人们的社会存在，决定人们的思想。而代表先进阶级的正确思想，一旦被群众掌握，就会变成改造社会、改

---

[①]《马克思恩格斯选集》第 1 卷，人民出版社 2012 年版，第 151—152 页。

造世界的物质力量。人们在社会实践中从事各项斗争，有了丰富的经验，有成功的，有失败的。无数客观外界的现象通过人的眼、耳、鼻、舌、身这五个官能反映到自己的头脑中来，开始是感性认识。这种感性认识的材料积累多了，就会产生一个飞跃，变成了理性认识，这就是思想。"这就是说，人的思想是客观存在的反映。

当然，思想这种意识现象与一般的意识现象，还是有本质区别的。简单说来，哲学上的所谓思想，就是人们通过对自己的实践经验的总结、概括，通过创造性的思维活动，并且借鉴前人的精神成果，所形成的有不同价值的独特见解，这就使人的思想具有不同于一般意识现象的某些特点。这就是说，思想作为人的一种意识现象，从本质上说，意识是一种哲学思维现象，所以，一般的思想在本质上是一种哲学思维成果。但是，并不是所有的思想，都具有哲学的理论思维层次，比如一般经济思想，科技思想，文艺思想等，作为一种思想，还并没有完全达到哲学的理论思维层次。通常，哲学是把思想作为研究对象的，所以，哲学是思想的思想。这就是说，哲学作为一种思想现象，是思想的最高表现形式。或者说，在哲学思维中，思想的本质特征将会得到更加集中而深刻的反映。这样，我们就可以把哲学思维形式作为对思想的一种高层次的典型意识现象来进行研究，这就是思想与哲学之间的本质关系了。

## 二、哲学智慧：思想的结晶

人们在总结实践经验教训的时候，都深刻地指出，哲学即我们所说的哲学思维非常重要。道理何在？历来的大多数哲学家都认为，哲学是一种智慧之学，因此，学习哲学能够增长自己的智慧，而这其中的一个实质性内容，是学习和研究哲学能够增强我们的思维能力，提高我们的思想水平。可见，这个问题直接涉及我们对思想的本性的理解，特别是关于思想与智慧的关系问题的理解，所以，这是一个值得我们认真研究的重要哲学思维问题。

这里首先要提出的问题是：什么是智慧？关于广义的智慧概念的内涵，从不同的角度有不同的界定。一般来说，有的人认为智慧反映一个人博学多才，反应敏捷，观察准确，处事果断；还有的人认为，人的智慧是其多种才能、智力、思维能力的有机综合反映，比如快捷的悟性能力、丰富的想象力、高度的抽象概括能力等的总体能力。虽然人们不把聪明与智慧等同起来看，但是聪明毕竟是智慧的一种表现形式。这样，自然就涉及了另一个问题：哲学与智慧之间的本质关系究竟是什么？很显然，这个问题的深入研究，将使我们对智慧问题的研究达到更加深刻的程度。这就是说，哲学思维在实际上成为人类智慧的基础。

那么，作为哲学概念的智慧，究竟应该如何理解呢？这需要从哲学这个范畴的研究开始。在中国的古典文献中，原来没有现在我们所使用的哲学这个范畴，哲学（Philosophy）是外来语。据考证，早期的哲学概念来源于古希腊文 Philosophia，后来演变为英文的哲学概念，再到汉语的哲学概念，在这个过程中，语义也发生过不少的变化。最早的哲学概念来自日本，19 世纪，日本哲学家西周把汉语的"哲"和"学"两个字连在一起，形成了"哲学"这个概念。19 世纪末，中国学者黄遵宪把西周创造的"哲学"这个概念引进中国，并为中国学术界所接受和运用。这就是我们现在通常使用的"哲学"概念的来源。在进一步的分析中我们可以看到，哲学的本义就是人的一种智慧之学。

古希腊文的哲学（Philosophia）一词，是有"爱智慧"的意思。从这里可以看出，哲学这个概念本身并不是智慧的同义语，哲学是"爱智慧"，即人对智慧的一种追求方式。所谓"爱智慧"，就是要通过哲学这种思维方式的训练而使自己具有智慧，或者说是通过学习哲学而增长自己的智慧。所以，像苏格拉底等古希腊哲学家，都自称"我所知的是我无知"，这就是说，他们之所以被称为"智者"，是因为他们能够承认自己的"无知"。承认"无知"就意味着要追求"知"。

在中国的文字中哲学的"哲"字，本身就具有"智慧""明智""睿智"等的意思，比如"哲人"就是人们所说的大智者。总而言之，哲学的内涵与智慧是密切联系在一起的。我们可以看到，在通常的用语中，人们常常把哲学说成是一种"智慧之学"，认为哲学是人的一种最高智慧，甚至可以说，哲学就是智慧的代名词。所以，在探索哲学的本质问题时，应该强调认真研究"哲学智慧"这个重要理念的内涵。

为什么我们说哲学就是"爱智慧"，哲学是一种智慧之学，哲学是一种高层次的智慧，哲学是人的大智慧，甚至说哲学本身就是一种智慧呢？根本原因在于哲学的特殊研究对象。

哲学是研究什么的呢？即哲学研究的对象，一般都是关于宇宙、社会、人生中的一些"大问题"，一些"根本性的问题"，一些"最普遍性的问题"，一些"最一般的问题"等，从而形成关于事物的本质的一些根本观点，关于事物的存在方式的基本观点，关于事物发展的普遍规律的基本观点，等等。这个问题的最高表现形式，就是一般哲学教科书所说的"存在与思维的关系"问题，这是根本性的大问题。可想而知，思考和研究这样一些大问题，根本性的问题，高层次的问题，那就需要大的思路，需要更加高级的思维方式。很显然，这就决定了哲学研究能够给予我们一种更高层次的哲学智慧。这就表明，哲学智慧实质上是人类思想的一种结晶。

哲学发展史表明，从哲学产生时期开始，哲学研究的主题，就是人类对真理追求。但是，哲学的价值不是追求固定化了的研究成果，而在于它是人的一种思想追求过程。这就是说，它的成果本身不是为了"经世致用"，而是一种"无用之用"（庄子），即作为人的最高智慧的"大用"。正是在这个意义上，我们把哲学称为人类探求真理的常新智慧之学，这也就是人们说的哲学"无用之用"的"大用"之实质。

我们可以看到，哲学思维表现出的是人类对具有最高的普遍性问题彻底而独立的探索精神，勇敢无畏的探索精神，这正是追求真理所必须具有的思想品格。人类的文明史说明，探索真理的勇士，决不会受别人各种各样说法的干扰，而能够义无反顾地进行自己的探索，进行独立的思考。这就决定了那些天才禀赋的人，他们绝不遵循常人的思维途径，或者说，一个有天赋的人决不会让自己的思想走入别人铺设的轨道上。这就是我们所要求的哲学头脑，正是这种彻底的哲学探索精神，能够使人的思想得到真正的解放，开辟出人类认识的新天地。在这个意义上，哲学的特殊功能就是探索，就是创新，就是创造，而探索、创新、创造，这恰恰就是我们所说的本来意义上的智慧。

从根本上说，哲学作为一种认识活动，它依靠的是关于宇宙、社会、人生的总体性概念，也就是说，哲学是宇宙观、世界观、人生观、历史观、价值观等的综合。我们之所以把哲学作为一种最高的智慧，因为它为人们提供了一种最深刻的概念世界，在这个极为广阔的概念世界中，使人的思想认识活动，能够不受任何束缚地自由驰骋，在最大范围内对真理进行探讨和追求。哲学的思考，是人类真正自由的探索。学习哲学之所以能够启迪我们的智慧，哲学之所以能够成为人类的智慧之学，主要是由哲学认识方式的这种特殊性决定的。

怎样理解哲学是对"大智慧"的追求这个根本意义？有人说，这要由哲学思维的本性来说明。什么是哲学思维？我们从哲学研究对象和它的特殊思维方式中可以进一步看到，哲学思维就是人们对那些非凡的问题进行非凡的追问，所做出的非凡的回答，这些非凡的追问和非凡的回答，必然给予人们以非凡的思想启迪。这就是我们所说的哲学智慧——人的一种"大智慧"！

对人的思维而言，这样的"非凡性"，其本质特征之一是它的抽象性。而这一点，恰恰就是哲学的本性。我们已经看到，哲学的研究是以抽象的理念为对象的，它的思维成果通常是一种抽象的概念形式的东西。这样的概念性质的东西，在大多数情况下具有思想的性质。

所以，有一种观点认为，哲学的直接研究对象是思想，再进一步说，哲学就是以思想为对象所进行的一种思想；或者说，哲学是对思想所进行的思考。这一点说明，智慧与人的思想的产生和发展，有密切的关系。许多事实说明，人的智慧本身就是一种高超的思想，是一种杰出的思想；同时还要看到，人的智慧必然表现为能够形成新的、有价值的思想的这种精神力量。所以，人的最高智慧，应该表现为能够以高级的形式来表现或者展示某种新的思想，特别是具有能够形成或者产生新的思想的那种杰出的能力。这就是作为哲学智慧的本质表现形式。

哲学思维的产物在本质上应该是一种杰出的思想，并且哲学思维还会产生某种更新的思想，很显然地，这些杰出的新思想本身必然是一种高超的智慧，对此我们可以称之为哲学智慧。

## 三、哲学智慧：思想的升华

我们在研究哲学的时候，把哲学本身看作是一种智慧，从一定意义上说，这是由哲学的特殊思维方式及其特殊性质、特殊功能决定的。哲学是人的思维的最高层次，它研究的是宇宙形成、发展的客观规律，探索的是社会演化的本质特征，把握的是人性最深刻的奥妙，从这些探究中得出解决宇宙社会人生复杂矛盾的最佳选择方案——在那些一般人看来无法解决的矛盾中，寻求出解决矛盾的出路来。这是什么？这就是最高层次的思维能力，这就是我们要追求的哲学智慧。

可以看出，哲学智慧要解决的是在一般人看来那些最根本的问题，解决那些最一般的问题，解决那些最复杂、最尖锐的矛盾所需要的特殊思维能力，并且能够付诸实践。因为真正的智慧必须在实践中显示出自己的现实价值。从这个意义上可以说，哲学智慧是人的思想能力在实践中的表现形式。

哲学智慧并不是产生于人们的常规生活中，也不是应用于常规生活中的一般智慧,而是在没有办法的时候要想出办法来,在不可能中寻找可能性,在死胡同里找出一条道路来。这就是说,哲学作为人的智慧,不是"术",而是"道",学习哲学,就是"悟道"的过程。学习哲学智慧,就是要自觉地悟人生之道,悟市场之道,悟为官之道,等等。有了这样的哲学头脑,就会使我们在生活中,在市场经济活动中,在社会政治生活中,在科学文化研究中,在这些场合遇到的棘手问题时,就会比一般人具有更高的思想层次。这就是哲学智慧的本质特征——一种高层次的实践智慧。

在把思维能力付诸实践的过程中,能够表现出人的大智慧。这样的大智慧的一个集中表现,就是在生死成败需要果断抉择的危急时刻,能够迅捷、明确做出最有利的选择的那种思维能力。这可以说是一种大智慧。在这方面,法国哲学家布里丹讲的一个故事,能够给我们以启发。一头驴子,与众不同,喜欢思考,一次,主人在它面前等距离处摆有两堆草,给它做午餐,任其选择,但是由于它始终下不了决心去吃哪一堆,结果饿死了。这就是著名的"布里丹的驴子"的故事。这说明,审时度势,有所取舍,才能不失掉有利时机。在生死关头,要具有这样的取舍抉择能力,看似简单,实际上需要的是一种哲学智慧。可见,在紧要关头能够迅速做出取舍决定,这需要思想和智慧的真正结合。人们正是在这样的结合中,表现出一种哲学智慧。可见,哲学智慧实质上是一种实践智慧。

在变幻不定、复杂交错的现实生活中,人们常常会陷入不可解决的矛盾漩涡里,此时,许多人很可能会走不出绝境。在这个时候,就需要拿出自己的勇气和智慧来,开辟一片新天地。"狭路相逢,勇者胜",这自然是勇气和智慧的结合;但是,在一些关键时刻,如果"分道扬镳"——你走你的阳关路,我走我的独木桥,也不失为明智之举。

这里的关键问题在于是不是具有明确清醒的自我意识,能不能守住自我——现代社会智慧的一个核心内容。这一点,在当今的信息时代尤其重要。面对需要迅捷做出选择的关键时刻,许多人很可能被淹没在海量信息中而不知所措。这个时候,有一种以我为主的选择能力,就会踏上光明之路!这个时候的人需要显示的不是技巧和小聪明,而是一种大智慧——一种高层次思维能力的哲学智慧。

据《孟子》一书记载,孟子为了说明古代君主的高明治国之道,引用齐国人的一句话:"虽有智慧,不如乘势;虽有镃基,不如待时。"孟子这句话的意思是说即使你有智慧,也不如很好地运用形势;即使你有好的犁锄,也不如等待农时再耕作。这就是说,哲学思维本身并不是单纯的工具理性,而是高层次的综合思维能力。这就是哲学思维本身的特点。

"虽有智慧,不如乘势",这里的"智慧"自然是指人的知识和能力结合而形成的聪明才智,而所谓"势",就是客观事物运动的基本趋势、方向等,归根到底这是事物发展的一种客观规律。对社会群体来说,就是社会运动的发展趋势,这主要是由人们的欲望、要求而形成的。换言之,所谓社会大势,也可以说是一种时代潮流。孙中山说:"世界潮流,浩浩荡荡,顺之则昌,逆之则亡。"[①] 这就是说,客观规律是不能对抗的,人只有运用客观规律,才能达到自己的目的。可见,在实践中,人们的思想行为,能够自觉地遵循客观规律,这实质上就是作为哲学思维的思想的升华。

那么,究竟什么是哲学智慧呢?哲学智慧与一般的认识能力的区别是什么?所谓哲学智慧,是人对事物本质的认识能力,对客观规律的认识能力和运用能力,这是哲学思维能力。通过进一步分析可以看出,这主要是指作为认识主体的人,对不同事物本质差别的识辨能力,是对社会发展规律的洞察能力,是在对事物本质和规律认识的基础上而形成的远见卓识。很显然,这需要一种深刻的哲学认识能力。实践证明,洞察

---

① 《孙中山全集》第 15 卷,人民出版社 2015 年版,第 120 页。

和远见本身所包含的哲学思维能力，这本身就是一种大智慧。

人类的认识经验告诉我们，在增强我们的哲学思维能力的过程中，不断地积累知识，形成丰富的、合理的知识结构，这是哲学智慧形成的不可缺少的条件。应该承认，对人来说，知识本身是人的智慧的基础，在中国的语言中，"知"与"智"两个字，有的时候是通用的。实践证明，人的智慧的一个必要基础是知识，没有必要的知识积累，智慧无从谈起。不过，对知识的追求和积累，任何人都是有一定限度的，特别是在知识、信息"大爆炸"的实际情况下，我们只能从知识、信息的质量上去下功夫了。因为，如果我们的思想被淹没在知识、信息的海洋里，常常会适得其反。

在对新问题进行思考的过程中，特别是哲学研究的思维过程中，我们都会越来越深刻而且越来越明确地认识到，虽然知识是智慧的基础，但是，实践证明，智慧比知识更重要。这是因为，知识本身并不等于智慧，这就是说，那些有知识的人并不一定都是智者。因为，人的智慧是人生、社会、历史经验教训的科学总结，是对已有的必要知识的概括和提炼。特别是，作为哲学的智慧，那是运用哲学思维对知识的高超运用。我们不能没有知识，但是，我们又绝不能停留在仅仅是占有知识的这个水平上，而应该善于运用哲学思维，通过思想的能力，把那些有限的知识升华为无限的智慧。

这里所说的运用思想的能力使知识向智慧的升华，实际上是对知识实现的一种超越过程。在现实生活中，一般的知识本身都有某种特殊的价值，但是，这本身也使知识带有了相应的局限性。我们如果举个例子，可以说一般人的知识的结构是平面的，而人的智慧的结构则是立体的；或者说，作为一种人生之"术"的知识，是刚性的，而作为智慧的人生之"道"，则是柔性的。这就是说，在知识基础上由思想能力升华而形成的智慧，两者结合则成为一种哲学智慧——"外圆内方""刚柔相济"的特殊精神结构。这就是说，这样的哲学智慧，在对付各种复杂状况的时候,就能够做到外圆内方,刚柔相济,软硬兼施,从而能够突破绝境,立于不败之地。

我们把哲学作为探求真理的智慧之学,这样,就充分认识哲学的一个本质特征。因为对人来说,智慧不是一种简单的素质,而是人的各种素质如知识、能力、方法、品德等精神因素的综合。智慧是人的知识、方法、品德等有机构成而形成的一种思想能力。从这个意义上可以说,一般智慧是人的各种素质的结晶,哲学智慧则集中表现为知识的思想升华。

## 四、哲学智慧:思想的高度自觉性

在研究哲学思维的本质特征时,我们可以看到一个特殊的精神现象,这就是哲学追求的是一种"意义世界",或者说,哲学探讨的是现实世界及其存在的意义问题。很显然,对我们来说,哲学研究的就是人的存在及其生命活动的意义。在一定意义上可以说,"意义"是"思想"不断深化的一种形式,它反映了思想的深刻性。这说明,"意义"是思想更加自觉的表现形式。所以,通过"意义"表现出的深刻的思想,是人的智慧的集中表现形式。

我们透过人的认识过程可以看出,哲学表现出的是人的思想的极端深刻性,人的认识能力的超越性,而这一切则是人的实践经验的结晶。我们已经看到,这样一些"智者"大多数是一些历经坎坷的人、屡遭折磨的人、阅历丰富的人,他们懂得人间苦难,明白世态炎凉,深知人性奥秘。所以,他们对问题认识得要比一般人深刻,见解会超越常人的平庸之见,表现出一种睿智,而且他们的这种智慧,常常伴随着常人所缺乏的那种勇气,其实,智慧和勇气的结合,就是一种哲学智慧,这样的大智慧,我们可以称之为胆略。

对此,我们可以做这样的理论概括:没有经过残酷战争洗礼的军

导　论　哲学思维：领导智慧的思想基础

人，不可能培养出战略智慧，没有经过人世大苦大难折磨的人，很难具有高超的哲学智慧。从这个意义上我们可以说，哲学智慧是人间苦难的结晶！

许多有人生阅历的人常常能够在文章中引用一些思想性很强的格言或者箴言，但是，如果这样的一些格言或箴言，一旦由那些不谙世事的人轻率地说出来，人们就会感到只不过是一些肤浅的议论罢了！

哲学之所以能够启迪我们的智慧，是因为哲学的高度理性认识方式能够使人的思想从自发而上升到自觉，因此能够使人把自己的言行建立在自觉意识的基础上。事实证明，自觉意识是人的才智特别是智慧的必备思想基础。

哲学的价值在于使人能够自觉行动。马克思对此有一个深刻而生动的说明，他在《资本论》中这样写道："最蹩脚的建筑师从一开始就比最灵巧的蜜蜂高明的地方，是他在用蜂蜡建筑蜂房以前，已经在自己的头脑中把它建成了。"[①] 理性思维是哲学的本质特征，它保证人能用理性去指导自己的言行，破除各种各样的干扰，坚持正确的方向，达到预定的目标。这就是说，哲学之所以是智慧之学，因为它能够使人进入高度自觉性的思想境界。

我们说人的智慧是其思想的高度自觉，或者说是人的一种明确清醒的自我意识之表现形式。很显然，思想的自觉性是主体对客观事物独立的一种判断能力，它排除了那些外部权威的干扰，能够单独做出自己的结论。这是哲学智慧的一个本质特征。就此而言，我们可以说哲学智慧与神话的认识形式，与信仰的认识形式，具有本质的区别。人类的认识史说明，神话能够给我们带来某些知识，但是不能使我们获得新的思想；信仰能够给予我们某些精神力量，但是不能使我们增加自己的探索未知世界的能力。甚至可以说，在许多情况下，神话和信仰常常堵塞了

---

[①] 《马克思恩格斯选集》第2卷，人民出版社1995年版，第178页。

人的智慧之门。所以，哲学与神话、与信仰，是对立的，认识史和人们的精神生活实践证明，如果我们的思想始终沉浸在神话与信仰的思维方式之中，很可能就会陷入迷信，失去了清醒的自我意识。可以说，哲学智慧是摆脱了神话思维和信仰思维的一个积极自觉的思想结果。

在这里应该指出的是，我们上述的这个说法，并不是要形而上学地否定神话与信仰在认识论领域的特殊价值，而是要阐明一个重要思想，即哲学和哲学智慧，并不是要给予人们某些理想的认识成果，而是要提供给人们开辟认识未知世界的科学方法论，指出获得新知的思想道路。这正是我们所说的哲学智慧的本质。

# 第一篇

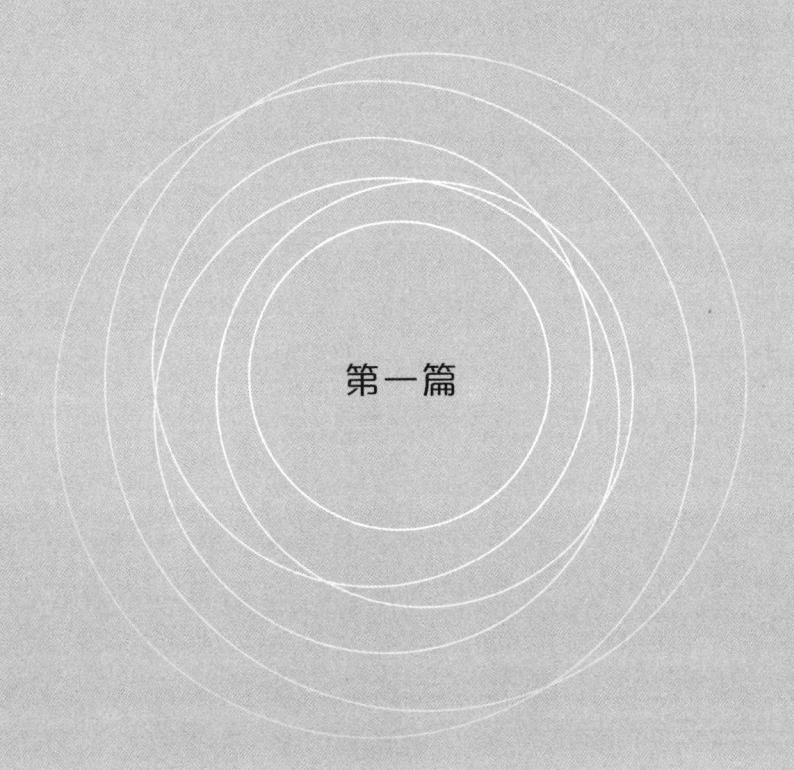

# 人：哲学思维的出发点和归宿

从整个哲学思维来说，人，是其出发点和归宿；就领导智慧本身来说，离开了人，也就无从谈起了——因为，人是现代政治行为和服务意识的唯一对象。所以，人的哲学思维，即对人本身的科学认识，就成为领导智慧的思想基石了。

# 第一讲
# 人性哲学思维的思想价值

当我们谈论对人的认识的时候，在通常情况下，无论如何是绕不开人性这个问题的。甚至可以说，谈人，就必然要谈人性的问题。这就是说，人性问题是认识人的核心问题。所以，人性必然是哲学思维的重要课题。如人本身一样，我们在现实生活中可以看到，在人性的问题上，集中地表现出了人的极端复杂性。应该承认，在人性论的研究上，我们有过极其深刻的历史教训。所以，我们主要应该通过考察当代中国关于人性观问题研究的思想演变过程，总结理论上的经验教训，探索我们究竟应该如何确立起马克思主义的科学人性观。

什么是人性？我们可以这样概括地说，所谓人性，就是凡是人都应该具有的属性，这就是说，人性与一切非人的属性，比如说与动物性（即兽性）是相对立的；或者说，人性就是人之所以为人的那种东西。因此从简单的逻辑上说，人性就是人的本性，或者说是人的根本属性。

再进一步说，所谓人性，就是每个人作为人而自然固有的、普遍的、共同的属性，即人与一切动物、自然物的本质区别。由此可见，所谓人性就是人的本质的表现形式。当然，对人性的认识，自古以来一直存在着争论，实际上主要关于人性究竟是恶的还是善的不同观点。对此，大体上有四种不同的看法：人性本善说、人性本恶说、人性由恶变善说、人性善恶混说。我们可以看到，这四种不同的人性观，自然都是持之有据的，也可以自圆其说。这个事实本身说明，作为人的本质表现形式的人性，是很复杂的。应该说，这也是客观现实的反映。所谓人性，并不是人单纯的、不变的、抽象的东西。这就决定了，我们在现实生活中能够观察到的人性，必然是复杂的、具体的、丰富多彩的，同时，又会是因时因地而千变万化着的、主客观交织着的现象。

这样，我们就不难理解了，为什么人性看似简单而实际上却是复杂多变、似乎可以一眼看穿但又高深莫测的。就此而言，我们觉得"人性善恶混说"是更切合实际的。这就是说，在任何人的思想中，特别是在某些人的灵魂深处，不但存在着"善"念，而且常常同时存在着"恶"念，表现在现实的言行中，常常是既有"小人"之举，又会有"君子"言行。也就是说，一个具体的人，不可能存在于某种所谓"纯粹"的状态之下——不可能是纯粹的恶魔，也不可能是纯粹的圣人。

"人是什么？一半是野兽，一半是天使。"这个说法也许有的人感觉会不舒服，但却相当深刻。当然，这个"一半"也不会是绝对的，二者的比重常常会变化，因此，某个人有的时候是野兽，有的时候是天使，但是在大多数情况下则可能会表现为难以分清的野兽与天使。我们完全可以这样说："人性是什么？是小人与君子、野兽与天使那种不确定性的混合体。"

人性的极端复杂性告诉我们，对人的真正认识是很难的事情，许多人的真面目不会被我们轻而易举就看得清清楚楚。要清楚地了解某个人的人性，真正洞察某个人，不但要有高超的认识水平、很强的分析能力，而且还需要丰富的人生阅历和生活经验。否则，在复杂多变、奥妙无穷的人性面前，我们常常会受骗。

究竟应该如何认识人性？这个问题一直众说纷纭、争论不休、莫衷一是。直到今天，学术界和政治家们仍然存在着针锋相对的见解。这个事实说明什么呢？说明人性问题的复杂性，也反映了人性问题的极端重要性，特别是在政治上和文化上，常常会由于对人性问题的不同见解，而引发人们激烈的论战。所以，对"什么是人性"这个大问题，不能不认真地进行研究。

自先秦开始的中国古代思想家中,对人性的研究比较有代表性的,是孔子、孟子、荀子、董仲舒等人。中国古代学者对人性问题有很深入、深刻的探讨,提出过不少精辟的见解,直到今天仍然有学术价值。

在中国古代思想家中,以孔子、孟子为代表的儒家学者主张人性善的思想。他们认为,人性是善的,这是人之所以为人、区别于动物的那种本性。告子主张"性无善无不善"的自然人性说;荀子主张人性恶之说,他认为,人性本恶,善是后天修养改造的结果;董仲舒主张所谓"性三品"说,认为人性有上、中、下的不同,即有"圣人之性""中民之性"和"斗筲之性",所以,人是需要教化的。近现代的西方思想家对人性的研究与此不同,他们强调人性与神性的区别,是从个人主义和自由主义的思想立场去揭示人性的本质,他们认为个人具有最高的价值,这个价值就是自由,自由就是人的本性。

作为人类文明起源之一的古希腊罗马哲学,以理性认识为基础,揭示了人性的实质,特别是越来越重视人的自然本性,从古代关于人本身灵魂与肉体的对立,逐渐地回归到灵魂与肉体的统一这样的认识。这个时期的人性论,可以归结为"自然人性论",即人的本性是自然的,所以,人应该顺应自然而生活。

在中世纪的哲学中,托马斯主义的人性论占统治地位,本质上是神学人性论,即神学的所谓"原罪说"。这就是说,人的一切自然欲望,是恶的根本来源,所以,人克服自己的自然欲望,是向善的根本出路。在这一点上,神学人性论,与中国中世纪的"天理人欲说"即所谓"存天理去人欲"的修养论,本质上是一致的。在漫长的中世纪思想禁锢中,人性论的困惑限制了人认识自己和外界的视野。

近代以来的西方学术界对人性问题的研究有了很大的历史进展,大大超过了古代哲学家的思想水平,提出了许多有深刻见解的学术成果。西方学术界关于人性的基本观点,反映了他们思想的个人主义和自由主义本质特征。

当代思想界对人性问题持个人主义和自由主义观点的突出代表人物，是法国哲学家萨特，他认为个人的自由是最重要和最独特的人性，因为人生来就应当是自由的——具有对自己的行为进行自觉选择的自由——选择的自由，这就是人性。在萨特看来，人是自由的，因此，人性就是自由。这就是说，没有自由，就没有人性，任何扼杀自由的行为，都是毁灭人性。

当然，在西方哲学家中，对人性自由论也有着各种各样的看法，其观点有的比较积极，有的比较消极。有的人认为，人性的自由取决于摆脱各种束缚，特别是传统的束缚，在他们看来，传统束缚消除得越多就会有越多的自由。

根据上述不同人性观的比较研究，我们可以对人性究竟是什么这个问题作个概括。所谓人性，就是每个人作为人所生而固有的、普遍的、共同的属性，它反映了有肉体生命的个人与动物、与一切自然物的本质区别。同时，由于每个人生活于其中的自然条件、社会条件的不同，而又使这种一般的人性，具有了千差万别的丰富内容。

我们对人性的研究和认识，并不是一个轻而易举的工作，是要下功夫的。比如行政工作，对于增强政治智慧具有特殊的思想价值。

什么是人性？人性究竟应该是什么样的？对此，古今中外的思想家们一直众说纷纭，莫衷一是。

马克思主义哲学在总结和借鉴以往思想成就的基础上，对人性的本质进行了历史唯物主义的概括。所谓人性，集中反映在人之所以作为人的需要、愿望、欲望等方面，它们的实质就是人所自觉认识到的利益。所以，人性的核心内容是利益。对人来说，"利益"概念本身就不仅仅是食欲和性欲，也不仅仅是维持生存和发展的物质需要，还有人所特有的社会性需要，如荣誉、交往、人格尊严等。

当然，我们这里所说的权力欲，不能简单地理解。首先作为人性的表现的欲望，即人对利益的追求，这本身并没有道德上善恶性质的区别，因为它是一种客观行为。也就是说，我们只能从其利益追求的客观行为中，来分析其复杂的主观动机。这样，对人性的复杂性的研究，也就成了探求人世间一切深奥道理的一个入口。比如在市场经济活动中，所谓"经济人"对财富的追求，这是他们作为经济人的人性的具体表现形式；否则，作为市场经济主体的"经济人"不想发财，这才是不可想象的事情！因为，这一切，正是他们的人生动力最深的奥秘之所在。所以，懂得了人性之奥妙，就是拿到了解决人世间难题的一把钥匙。

大多数情况下，政治家的人性是通过对权力的追求表现出来的，但是，现实政治生活中的各种问题也恰恰发生在人性的这个秘密之中。许多政治腐败的事实说明了这样一个道理：在实际的政治生活中，权力的运行往往是不以当权者的意志为转移的，而当权者一旦滋生了些许"以权谋私"念头，那么，权力那种肆无忌惮的垄断和无限膨胀的欲望，就使它成为无法控制的脱缰野马，把当权者拖进腐败的深渊；同时，由此而产生的专制集权体制，也必然给社会带来政治灾难。

从这里可以看出，对人性意义的认识是研究整个人的问题的理论基础，是研究整个社会问题的出发点，这其中当然包括政治问题，这就是说，人性问题是政治问题的基础和出发点，甚至可以说是人的哲学的一个关键内容。

# 第二讲
# 人是目的而不是手段

　　人类社会从中世纪结束、启蒙时代开始，人的问题就已经成为思想家们的研究中心了。人是什么？人与自然界的关系是什么样的？人在社会中应该具有何种位置？人与人之间应该是什么样的关系？人生的意义是什么？这些是自古以来哲学家们争论不休的主题，一直到现在仍然在争论着，只要有人存在，关于人的争论，可能还会继续下去。这里的争论焦点就是在现代社会的民主政治体制中，特别是在政治领导的过程中，究竟应该怎样对待人？对思想理论界来说，这个问题一直是哲学思维中相当古老而又常新的话题。

　　20世纪80年代，伴随着改革开放的兴起，学术界曾经开展过一次关于人、人性、人权、异化、人道主义等问题的争论。其中的争论焦点是，人在社会生活中，特别是在政治实践中，究竟应该居于什么样的地位、人是不是马克思主义的中心和出发点，等等。这次争论虽然没有结论，有些问题的分歧一直到今天仍然没有取得一致的看法，但是，它毕竟是中国理论界的一种觉醒：究竟应该如何认识人的地位和作用的问题？

　　关于人的价值和地位问题，在学术界为什么有这样大的吸引力呢？这是因为在地球上，人是唯一有思想的主体，或者说只有人才是有理性的存在物。但是，随着人类社会的进化、发展，人本身又开始分化，由于经济、政治、文化上的地位变化，不同的人有了不同的处境，甚至出现了人压迫人、人剥削人、人奴役人的现象。因此，哲学家和思想家们在对人的研究中，又进一步提出了一些新的问题。这些问题涉及人的本质、人的价值、人的解放等，这样就把关于人的地位和作用的研究，提高到了新的历史水平。其中，有代表性的观点是18世纪德国启蒙哲学家康德提出的"人是目的"这个理念。康德指出："人，总之一切理性动物，是作为目的本身而存在的，并不是仅仅作为手段给某个意志任意使用的，我们必须在他的一切行动中，不管这行动是对他自己的，还是对其他理性动物的，永远把他当作目的看待。"①

为什么说"人是目的而不能作为手段"呢？最根本的原因就是人是一种有理性的动物，而有理性的动物，就是作为目的本身而存在的；而人所追求的对象、爱好的对象，比如某物，它们之所以有价值，是由于人的追求、爱好，否则，它们也就没有价值了。也就是说，除了人之外，其他一切的生物和非生物的价值都是有条件的。但是，人的价值是其本身所固有的，因此是无条件的。这就是说，人是有自我意识的、有理性的动物，是这个世界上最高的价值主体。所以，要把人作为目的来对待，而决不能当作手段。

康德所说的"人是目的，不是手段"这个命题，虽然看起来很抽象，但是，如果放在当时的历史背景中去研究，就可以看出这个命题中实际上包含着很深刻、很具体的内容。那就是它直接指向了当时仍然存在着的封建专制制度。大量的事实证明，封建专制制度的一个本质特点，是不把人当人对待。所以，康德"人是目的，不是手段"这个命题的本意，就是必须把人当作人来对待。这在今天看来，只不过是一个平凡的真理而已，但是，在康德的那个年代，它却有着革命性的启蒙意义。

人不是抽象地蛰居于世界之外的存在物，人的根本就是人本身。人就是人的世界，就是国家、社会。这就意味着，人本身具有最高的价

---

① 北京大学哲学系外国哲学史教研室编译：《西方哲学原著选读》（下），商务印书馆1982年版，第317页。

值，人是最高的价值主体，人就是作为人的目的本身，而不是手段。

我们越来越充分地认识到，在社会主义社会中，保护人的生命、保障人的幸福、促进人的发展，无论是对国家还是对政党来说，都是第一位的任务，是一切工作的根本目的。或者也可以这样说，我们的一切纲领、政策，说到底都是为了人，都是为了人的幸福。所以，无论是在经济活动、政治活动中，还是在文化活动中，都要毫不含糊地把人作为中心、作为根本、作为目的——始终是把人作为"人"，而不是作为"手段"。

"以人为本"理念从其历史来源而言，是西方近代资产阶级革命时代提出的"人本哲学"，它的核心可以说就是"人本位"——以人为本位。这个理念的本来含义是要以人的至上地位取代神的至上地位，以民主主义的民权政治取代专制主义的君权政治。可见，提出"以人为本"的理念，是针对中世纪神权统治和封建君权专制主义统治的。所以，"以人为本"或者"人本位"理念的倡导，有着巨大的启蒙意义。在几千年的中国封建社会中，许多人只知道有"民"，而不知道有"人"。这就是说，"以人为本"不能简单地等同于"以民为本"。

在这方面，我们的哲学思维的确有不少问题需要进行认真研究，使我们对"以人为本"理念有一个科学的认识。比如，在关于"以人为本"理念的一些实质论述中，有的人强调"以人为本"就是以最广大人民的根本利益为本。据此，有的人就得出结论，"以人为本"就是"以人民群众为本"，或者说，"以人为本"与"以民为本"是内容相同的范畴；以至于有的人认为，"以人为本"的实质就是"以民为本""以人民为本"等。当然，这些提法在逻辑上不能说是错误的，因为在政治原则上，我们显然不应该反对"以人民群众为根本"这样的提法；但是，把"以人为本"与"以民为本"混为一谈，这本身说明有的人对究竟什么是"以人为本"，"以人为本"中的"人"是指什么而言的，即对"以人为本"的实质的理解，是似是而非的，甚至包含着误解。所以，通过认识"以人为本"与"以民为本"的实质性区别,进一步明确"以人为本"的本意,这是一个严肃的哲学思维问题,很有必要分辨清楚。

其实,"以民为本"这样的理念并没有什么新意。因为,"以民为本"或者是说"民本"思想,早在我国古代社会就已经存在了,以后在不同的历史时期还在沿用着,因而这是一个有着很长历史的理念。"以民为本"这个理念,在不同的历史时期是有不同含义的。在封建社会中,"以民为本"即"民本",这里的"民"是与"君"相对的,有时"民"则是与"官"相对的。所以,"以民为本"与"以君为本"是相对的理念;同样,"民本位"则是与"君本位""官本位"相对的。在封建社会中,倡导"以民为本"或者"民本位",对统治者来说,是他们要表示自己在政治上是开明的;有的时候,思想家们倡导"以民为本",是表明他们主张要对封建君权进行一些抑制,如孟子说的"民为贵,社稷次之,君为轻"这样的话,就表明了他坚持要抑制君权的政治主张。可见,在封建社会中开明人士所说的"以民为本",从根本上还没有超出维护君权统治的范围。就这一点而言,"以民为本"与"以人为本"是不可同日而语的。其中的关键,是"以民为本"的"民"是一个抽象的群体概念,而"以人为本"中的"人",是指作为个体的人的具体概念。很显然,强调作为个体的人的价值,这是近代以来文明发展的突出特点。

关于这个问题,我们可以从近代文明的人权观、人道观等思想的出现,获得越来越深刻的认识。在近代以来的世界历史上,特别是经过两次世界大战,各国人民经历了火与血的洗礼,浴火重生,明显地提高了对人自身价值的认识水平。在这方面的表现是各国人民为争取自己的基本权利、实现自身的价值而进行了长期的斗争,在思想成果方面集中反映在国际和国内的各种人权法案中。

在关于人的价值意识上,在这样历史性的思想进步前提下,在社会主义改革开放的过程中,中国共产党提出"以人为本",作为科学发展观的核心理念。此后，从人的价值意识这个角度，明确地阐明了与现代人类文明发展相一致的人本哲学。这是我们在人的哲学理论上的一个重大思想成果，具有重要的理论意义和实践价值。当然，需要我们在总结实践经验的基础上，对"以人为本"系统全面地进行阐述，不断地把这一哲学思想深化下去。这样，我们就能够深刻认识到，所谓"以人为本"的本来意义就是以人为根本，就是以人为中心。因为人是整个社会、整个国家的根本，而"人就是人的世界，就是国家、社会""人的根本就是人本身"①，这就意味着，人本身具有最高的价值，人是最高的价值主体。

在如此的分析中，我们就可以进一步看出"以人为本"理念的现实针对性了。这就是，"以人为本"与"以物为本"是根本对立的。当然，这里所说的与"人"相对立的"物"，是作为拜物教意识基础的各种"异化物"。这就是说，在本来意义上的"以人为本"，就是把人从各种意识形态幻想的束缚中剥离出来，从拜物教意识的束缚中解放出来，科学地认识人的本质，强调人本身价值的至高无上性。

这样，明确了"以人为本"理念的实质和现实针对性，也就会明确它对我们的特殊哲学意义和现实价值。

第一，"以人为本"理念的实质，是它的彻底平等精神。因此，"以人为本"与任何一种特权意识、特权制度都是针锋相对的，而专制政治、特权和政治腐败，这是有因果关系的。所以，坚持"以人为本"，对于遏制政治腐败、推进民主政治建设，具有重要价值。

第二，"以人为本"的理念，越来越充分体现了作为个体的人都是自由、平等的，所以，它强调每个人独立的权利主体地位。在对人的不同态度上，"以人为本"与拜物教之间的对立，实质是自由平等的主体意识与等级特权意识的根本对立。所以，坚持"以人为本"的理念，对

---

① 《马克思恩格斯选集》第1卷，人民出版社2012年版，第1、10页。

于建设社会主义的法治国家、提高我国社会的文明水平具有深远的意义。

第三,"以人为本"的理念,与权力拜物教根本对立,它反对蔑视人的价值,强调尊重人的尊严。它把人视为最高的价值主体,任何人都没有尊卑贵贱之别,凡是人,都要得到应有的尊重,切实地把人作为人。

第四,现代市场经济是一种高度发达的服务型经济,它要求形成一种现代服务意识,即服务者与服务对象,必须是人格平等、法律面前平等的,没有等级尊卑的歧视观念。"以人为本"理念,正是体现了现代市场经济的这种内在要求,所以,"以人为本"理念,有利于建设完善的社会主义市场经济体制。

总之,"以人为本"是我们工作的根本方法,因为在研究任何工作、解决任何问题的过程中,都必须要抓住一个中心——人,否则,即使你做了多少工作,但如果忘记了人,那就是离开了工作之本,就是离开了工作的中心,就是离开了工作的目的,因此,整个工作也就没有什么意义了。从这个意义可以说,"以人为本"是现代文明社会中领导智慧的哲学思维基础。

# 第三讲
# 社会发展与人的解放

我们关于人的哲学思维，主要是对人的本质、人性、人的价值等问题的哲学研究，归根到底是为了寻求人的真正解放的根本途径。很显然，人的真正解放问题是作为历史哲学即历史唯物主义研究的一个基本课题。这个重要课题的核心内容，就是人的解放究竟怎样才能在社会发展的现实过程中得到实现。这就是关于人的解放的基本条件和历史进程问题的哲学思维。

就人类文明发展的基本规律来看，人是根本、人是中心、人是目的、人是最高的价值主体，所以，人的解放是最高的价值目标，甚至可以说具有最终的决定性意义。但是，人的解放又是非常复杂的问题。因为，人要获得最终解放，必须排除各种障碍，付出巨大的代价，使人的解放获得经济水平（生产力发展）基础、政治基础、文化和意识形态基础，才能真正实现。就哲学思维而言，这是社会的经济基础和上层建筑有机统一的历史发展水平的问题。随着中国社会主义改革开放的不断发展深化，在人的解放的基本条件和历史进程的研究中我们能够得到越来越深刻的认识。

我们所研究的人，是具体的、现实的生命个体，是正在从事实际活动的个人，可想而知，这样的人的生存和活动，必须具有相应的主观和客观条件。逻辑的结论是，人的解放必然取决于这些社会条件的发展成熟程度。任何人都是特定社会关系的产物，人的本质是现实社会关系的总和。所以，人所依存的现实社会关系的改造，是人的解放的现实基础，也是人的解放的根本途径。就哲学思维而言，人的真正解放，物质基础具有决定性的社会作用。所以，决定性的基础是由生产力发展而形成的生产关系性质及历史水平的不断改变和提高。这就是说，没有以一定生产力水平为基础的生产关系的革命变革，人的解放无从谈起。

这里所说的现实社会关系，是指以生产关系为基础的各种各样的社会关系，其中最根本的当然是社会的生产关系，在现实的生产关系中，具有决定性作用的人的劳动关系，其他主要的社会关系还有，社会的政治关系，即公民、社会、国家的关系，作为意识形态的人的思想关系，等等，它们分别属于社会的经济基础和上层建筑。人的真正解放，自然要从彻底改造这些社会关系开始。当然，社会关系的革命性改造对人的解放来说，是一个艰巨的历史任务。其中，作为上层建筑的意识形态的改造，主要就是指在资本主义时代及前资本主义时代中那种意识形态异化的扬弃。

经过漫长的历史发展，主要是随着物质生产力水平的不断提高，人类社会开始由原始野蛮状态进入初期文明状态——以财产私有制为基础的阶级社会，即奴隶制社会、封建制社会、资本主义社会。当然，这三种社会形态，就其文明发展程度来说，是有差别的，依次由低级向高级发展，离开原始野蛮状态越来越远了，并且为更高的社会文明不断地奠定了物质、精神基础。在这方面，应该明确指出的是，封建社会取代了原始野蛮的奴隶制度，是人的历史性的解放；资本主义生产关系取代了封建专制主义生产关系，这是人的解放过程中革命性的变革。但是，在这三种社会形态中，从根本上来说，仍然具有野蛮时代的本质特征，这就是人由直接对人的依赖，变为通过物作为中介而依赖于人，也就是说，人实际上成为物的附属物。这一点，在资本主义生产关系中各种形式的拜物教中，比如在劳动的异化中，就可以看得比较清楚。所以，推翻资本主义生产关系，生产者掌握了生产资料，人成为自己的主人，人获得了又一次历史性的解放。这个时期，社会从资本主义生产关系转变为社会主义生产关系，实现了劳动异化的扬弃，人开始从各种各样拜物教的束缚中解放出来，人的解放由此进入了一个新的伟大历史时期。

在全世界的历史发展过程中，资本主义社会转变为社会主义社会，实质上是以生产关系的转变为基础形成的社会制度的转变。这是人类社会发展中的一次历史性的飞跃，从而开辟了人的解放的新阶段。在社会主义的生产关系和社会制度中，由于摆脱了资本主义生产关系和社会制度中人的各种异化状态，人的解放进入了一个完全新的历史时代。但是，任何一种生产关系和社会制度，其性质都不可能是纯粹的、绝对的，而必然带有各种历史的遗留物，这其中包括旧的意识形态因素。这就决定了作为文明发展的高级阶段，人的解放仍然有着需要解决的若干重大问题。所以，社会主义社会必定要在不断地改革中向前发展，继续解决人的解放过程中所要面临的各种新问题。

什么是人的真正解放？在马克思看来，这就是以共产主义取代资本主义。他指出："共产主义是对私有财产即人的自我异化的积极的扬弃，因而是通过人并且为了人而对人的本质的真正占有；因此，它是人向自身、也就是向社会的即合乎人性的人的复归，这种复归是完全的复归，是自觉实现并在以往发展的全部财富的范围内实现的复归。这种共产主义，作为完成了的自然主义，等于人道主义，而作为完成了的人道主义，等于自然主义，它是人和自然界之间、人和人之间的矛盾的真正解决，是存在和本质、对象化和自我确证、自由和必然、个体和类之间的斗争的真正解决。"① 那么，这些矛盾的真正解决的条件和目标是什么呢？这就是建立起一种自由人的联合体，在这样的联合体中，"每个人的自由发展是一切人的自由发展的条件"。②

显然，在创造出人的解放的这些社会条件中，具有基础性质的条件，是旧生产关系的彻底改造，即由劳动异化的扬弃，实现人的劳动解

---

① 《马克思恩格斯文集》第1卷，人民出版社2009年版，第185页。
② 《马克思恩格斯选集》第1卷，人民出版社2012年版，第7页。

放；国家政治体制的彻底改造，由权力异化的扬弃，实现人的政治解放；由意识形态异化的扬弃，实现人的思想解放。在人的解放问题中，人的思想解放是一个必须认真研究的大问题，而这个问题与意识形态理论有着密切的联系。这里需要特别指出的是，在当今社会的现实生活中，与各种各样的意识形态相比，宗教这种意识形态对社会公众的影响和作用，可以说是很广泛的，甚至是很深刻的。所以，这里通过对宗教这种意识形态与人的解放的关系的研究，作为这个问题研究的一个重要切入口。

作为意识形态的价值观的复杂性在于：价值判断的主观性和客观性并存，导致了一些人在价值观上的双重性，因此，在某些情况下，就可能出现意识形态上的那种"虚假的自我"。这个问题，在资本主义时代表现得尤其突出，这就是以宗教意识为主导的意识形态异化，使人丧失了自我，人完全没有了自我意识，完全失去了积极的主体性。这个问题的实质是人的思想异化，而不解决这样的问题，即没有思想解放，而没有思想的真正解放，人是不可能获得彻底解放的。

从其早期著作中就能够看出，马克思认为，宗教意识形态异化的扬弃，即意识形态异化的消除，就是人的思想解放。实践证明，思想的解放，这是人的解放的精神基础，从而成为人的真正解放的前提。这就是说，人的真正解放，就是从异化了的意识形态的束缚中解放出来，获得真正的思想解放。关于这个问题，马克思在宗教意识形态的批判中，深刻阐述了他的人的解放的思想。

马克思在揭示宗教的本质时指出："在宗教中，人的幻想、人的头脑和人的心灵的自主活动对个人发生作用不取决于他个人，就是说，是作为某种异己的活动，神灵的或魔鬼的活动发生作用，同样，工人的活动也不是他的自主活动。"[①] 他认为："宗教是人的本质在幻想中的实

---

① 《马克思恩格斯文集》第1卷，人民出版社2009年版，第160页。

现，因为人的本质不具有真正的现实性。因此，反宗教的斗争间接地就是反对以宗教为精神抚慰的那个世界的斗争。"① 历史进步的事实说明，对宗教意识形态异化的扬弃，即反对宗教的斗争，实际上就是反对旧的社会制度的斗争。

作为人的解放的一个前提——人的思想的真正解放，就必须把人从各种意识形态幻想的束缚中剥离出来，从拜物教意识中解放出来，科学地认识人的本质，强调人本身价值的至高无上性。这就是当代社会的思想解放，归根到底这也就是人的解放的一个根本途径。对此，马克思曾经深刻地指出过："只有当现实的个人把抽象的公民复归于自身，并且作为个人，在自己的经验生活、自己的个体劳动、自己的个体关系中间，成为类存在物的时候，只有当人认识到自身'固有的力量'是社会力量，并把这种力量组织起来因而不再把社会力量以政治力量的形式同自身分离的时候，只有到了那个时候，人的解放才能完成。"② 应该承认，马克思早期的这个论断，是有相当多的理想色彩的，但是，作为人的解放的基本方向来说，则仍然是有理论价值的。

马克思在对宗教的批判中指出，宗教问题的根源在政治，也就是说，宗教神学对人的压迫不过是政治压迫的表现形式。所以，"真理的彼岸世界消逝以后，历史的任务就是确立此岸世界的真理。人的自我异化的神圣形象被揭穿以后，揭露具有非神圣形象的自我异化，就成了为历史服务的哲学的迫切任务。于是，对天国的批判变成对尘世的批判，对宗教的批判变成对法的批判，对神学的批判变成对政治的批判。"③

我们可以看到，现实社会中的宗教批判与政治批判的关系，实际上关系人的政治解放，归根到底关系人的真正解放问题。这里所谓政治批判，就是对作为社会力量、即异化了的国家制度——统治者的权力的异

---

① 《马克思恩格斯选集》第1卷，人民出版社2012年版，第2页。
② 《马克思恩格斯全集》第3卷，人民出版社2002年版，第189页。
③ 《马克思恩格斯选集》第1卷，人民出版社2012年版，第2页。

化的扬弃。这就是说，权力的异化的扬弃是人的政治解放，归根到底，就是人的真正解放。我们已经看到，以资本主义制度为例，社会的各种主要的权力关系都是颠倒着的，这种颠倒着的权力关系，实质上就是一种权力的异化。在一定意义上说，推翻资本主义制度，就是把颠倒着的权力关系颠倒过来，即对资本主义社会权力的异化的扬弃。

国家的权力，真正是由社会授予，并且切实受到社会权力的制约。在现代社会中，它的表现形式是民主政治体制的实现。人类政治文明发展的实践证明，在真正的民主政治体制中，人是现实生活的目的本身，相反，在各种原始野蛮的专制主义政治体制中，人必然成为权力行为的手段。所以，社会主义政治体制改革，真正的民主政治的实现，权力异化的彻底扬弃——由政治专制转变为政治民主，是人的解放的根本途径。

当然，社会主义社会的建立，并不等于人的解放事业的最后完成，实际上只不过是人的解放事业的开始，因为在各种领域中还有许多艰难的事情需要做。其中，经济体制改革——劳动异化的扬弃——实现人的劳动解放；文化体制改革——意识形态异化的扬弃，实现人的思想解放；政治体制改革——权力异化的扬弃，实现人的政治解放，这几个环节是互为条件的，而政治体制改革是消除权力异化的关键环节，是实现人的政治解放的根本途径，在各个环节中，这是一个关键环节，因为对权力的异化的扬弃，涉及社会不同权力主体的尖锐利害冲突，因而需要经历一个相当长的甚至是反复的艰苦努力。

## 第二篇

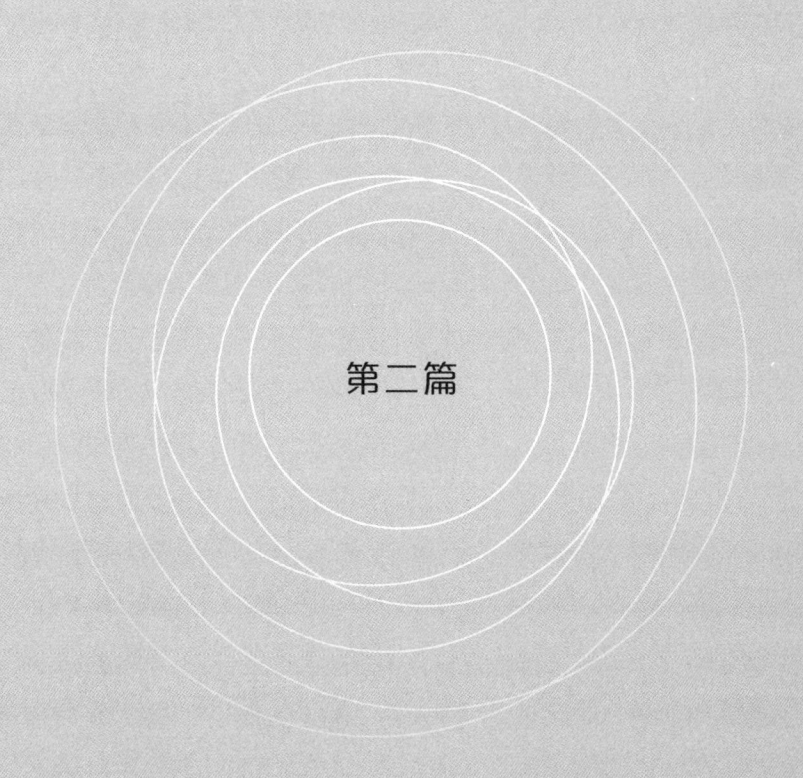

# 客观理性思维的科学认识论意义

哲学思维之所以能够成为领导智慧的思想基础，因为它的目标归根到底是为了追求认识的真理性。所谓认识的真理性，本质上就是必须使人的认识能够正确地反映客观世界的本质和规律。哲学思维的实践证明，客观理性思维具有这样的科学认识论价值。

# 第四讲
# 现实、事实、实践与真理：
# 坚持哲学思维的客观性原则

当人们提出认识的客观性问题时，即认识的真理性问题时，必然涉及这样一些概念，即实际、现实、事实、真实性、真理，以及它们之间的关系问题。一般来说，呈现在我们的认识视野中的，是具有客观性质的现实、事实，从理论上说，现实、事实应该是实际上存在着的客观现象，但是，它们是不是具有客观真实性，这就是一个待定的问题了。解决这样一些问题的决定性因素是什么呢？这就是作为认识论关键环节的实践。

我们的认识经验说明，实际与事实一样，它们的本质特征都是其存在的客观性，而这种本质特征则必然表现为一种现实性的特点。这就是说，实际与事实，实质上都是某种客观存在着的现实。所以，尊重事实、从实际出发，归根到底必然要表现为客观的现实观念。

首先需要指出的是，所谓现实，是作为哲学范畴的现实（Reality）。在一般意义上讲，所谓现实，是指作为主体的人能够观察到、感知到并且可以被理解的那些客观事物，这主要是指当下的正在发生着的存在，同时也包括非存在即所谓虚无。我们还应该看到，随着社会生活的日益复杂，特别是科学技术的高度发展，人的智力越来越发达，现实的性质、形式和类型也必然随之不断地增加，并且日益复杂，比如虚拟现实、综合现实，等等。不过，作为对客观事物的反映形式，现实的范畴并不是一个僵化和静止不变的抽象物，而是在不断地运动着的、内容日益丰富的存在。

比如,我们称某某为"现实的人",即关于人的现实观念,那就是说这是一个实际上存在着的人,一个在生活着的有生命的个体,是实践中的人,一个能够与另外一些人进行各种形式交流的人,一个正在思考着的、有自己的思想的人,一个无论是在外表还是在精神方面都在不断变化着的人,总而言之,是一个活生生的、现实的人。很显然,这样的人,是相对于那些已经不存在了的、没有了个体生命特征的某些"人",而是人们记忆中的或者文献记载中的"人",已经不是现实的人。这就是我们所谓的现实的人的观念的本质。

实际上,人对客观现实的认识是不断地深化着的。在不同的认识阶段上,人们所认识到的现实的本质的理论层次是不同的,随着认识的深化,我们才能对现实具有更加深刻的认识。在辩证唯物主义的认识中,从感性认识到理性认识再到实践,就是对客观世界本质的认识的这样一个不断深化过程。

第一,关于感性认识阶段现实观念的基本特征。在唯物主义认识论看来,客观事物是能够被人所感知的,在人的意识中,它首先是感性认识形式,是被感知的存在。所以,出现在人们面前的现实首先是以具体的经验形式的存在,这个现实是人的感性认识阶段的产物,这种感性认识形式的现实,我们可以称之为"感性现实",它是一切形式现实范畴的客观基础。没有关于感性认识形式现实的基本知识,关于现实问题的其他一切研究都无从谈起。

经验中的现实,即感性认识阶段对客观事物的反映,这是人类一切知识的来源,因而也是人的现实理念形成的唯一客观根据。同样道理,经验事实是科学的知识体系形成的逻辑前提。不经过实地调查研究,掌握充分的第一手资料,我们就没有资格进行社会科学研究,因为没有一定客观资料做根据,形成的一些理论结论,必然是空洞的口号;同样,没有大量的实验数据,我们的科学研究结论,就是没有根据的,不可靠的。

一般来说，感性认识结果的现实，是以事物的现象形式存在着的，认识的这个阶段，即形成关于事物的现象的认识，具有基础性质的意义。因为，只有对事物的现象有了基本的认识，我们才能进而认识事物的本质。正是在这个意义上，我们不但强调科学实验对一般科学研究的重要性，而且十分重视社会调查对社会科学研究的重要性。无论是什么样的研究工作，都必须从掌握基本的经验材料入手，这是每一个科学研究工作者应具备的唯物主义精神。

掌握基本的经验事实即感性认识形式的现实，这是任何一种科学研究和决策的必经阶段，如果没有对事物本质的正确认识，我们的结论就失去了客观根据。所以，认真研究感性的现实，掌握充分的经验事实，以之作为研究的客观基础，这是基本的唯物主义方法论原则。

但是，还应该进一步指出，对感性现实的了解不等于对现实的正确认识，还不能说就是对客观事物本质的正确认识。因为以现象形式出现的感性现实，并不意味着已经正确反映了客观事物的本质；同时，由于认识过程的复杂性，特别是由于各种主客观因素的干扰，感性认识获得的现象，常常可能是对客观事物本质的歪曲反映。在这样的情况下，我们面对着的现实，实际上是一种虚假的现象——假象。当然，假象也是一种现实，但是，它歪曲了客观事物的本质，常常使人们受到欺骗。所以，对现实的认识，由感性认识阶段进入理性认识阶段，即由感性形式的现实观念上升到理性形式的现实观念。人类认识历程的经验教训说明，形成理性形式的现实观念，这是清除现象中的假象的基本认识途径。

第二，关于理性认识阶段现实观念的本质特征。在观察现实的时候，人们的经验材料积累到一定程度，就会使自己的认识继续深化，或者说理论转化，即通过概括、归结，形成关于现实的抽象形式的存在，我们可以称之为"理性现实"。比如我们在某个地区的某种群体中生活了一段时间之后，就会逐渐形成这样的概念：这是我的家乡，这是我们的社会，这是我们的国家，等等。这就是理性认识形式的现实。人们的认识经验，特别是我们自己的认识过程，都能够使自己明白，这种抽象的理性的现实观念，是由生动的感性认识形式的现实归结、概括而来的。

如果我们进一步研究这个认识过程，就会明白，理性认识形式的现实观念，是由感性认识形式的现实观念升华而来的。比如，"自然界具有勃勃生机"这样一个抽象的认识，不过是我们反复观察无限宽广的、经历了春夏秋冬的大草原的一个结论而已。我们耳闻目睹的一些人，他们从一个顽固的惯窃犯，经历几年牢狱严厉的教育，被释放出来之后，这其中有一部分人真诚悔改，重新做人，成为了那种勤勤恳恳的善良人。于是，我们就凭借这样的"经验的事实"，归结而形成了一个理念：人性是可以改变的。

那么，是不是什么样的"经验的事实"都能够被归结为某种哲学理念呢？当然，不能简单地回答这个问题。这里需要一个前提，即必须是"按照事物的真实面目及其产生情况来理解事物"，才能概括抽象为正确的理念。因为人类的认识经验告诉我们，人们面对着的各种各样现实并不一定都是事物真实面目的显示，有一些所谓的现实，实际上可能是一种假象。对这样的现实（如假象）进行的抽象概括，自然是不能得出正确的理念了。

理性形式的现实，这是一种更加高级形式的现实，它能够使我们的认识提高到新的水平上去。其中的一个重要特点是，如果与感性认识阶段相比，在理性认识阶段我们对客观事物的认识具有了更加充分的自由。人类的认识发展史说明，自由的认识或者说认识的自由，是我们的认识的肯定性发展的必要性主观因素。事实证明，人的自由意识，在理性认识阶段中获得了进一步的发展，也就是说，理性认识使人的思想获得了更加进一步的自由。这样的自由之所以能够在理性认识阶段获得，这是因为理性认识的现实,是以概念的形式存在着的现实,或者说就是概念中的现实。

第三,由理性认识进入到实践中的现实观念——对现实的本质的更加深刻的认识。人类认识史中的经验教训说明,思想在概念世界里,能够获得最大限度的自由,也就是说,人的自由意识在理性现实中获得了更加充分的发挥。但是,应该看到,这既是理性现实的优点,也是它的一种局限性之所在。那么,问题的症结何在?这就是,纯粹概念中的自由,实际上常常是一种主观性质的自由意志,这样的意志自由有可能摆脱了感性认识现实这个客观基础,成为一种唯心主义的抽象自由。理性的现实之所以具有这样的局限性,根本原因是它处在脱离实践的状态中,所以,它的真实性即人在理性现实中对客观事物认识的真理性,没有经受实践的检验。这就是说,脱离实践的理性现实,归根到底还不能被称为真正的现实观念。

那么,如何解决这个问题呢?那就是必须把理性现实切实地融入社会实践,成为实践性的现实或者称之为实践中的现实——真正的现实,即哲学思维中的现实。

我们常常说,要"以事实为根据",要"从实际出发",这里所说的"事实""实际",应该认为也就是我们所说的现实。但是,这样的现实,既不是感性认识中那种直观的现实,也不是理性认识中那种抽象的现实,而是已经处于实践中的现实。它是融入实践,并且处于实践过程中的那种现实,它克服了感性现实的直观性质,也避免了理性现实的抽象性质。实践性的现实,是二者在实践过程中有机结合的产物。

比如真正的现实的国家,它不能是摸不着、看不见的神秘存在物,而应该是在实际上真正存在着的实体,即它的真实存在应该是正在运行的过程中——正在为公民服务。这样的正在实践着的实体存在,才能说是真正的现实。从客观事实到客观实际,再到现实,从感性认识中的现实,到理性认识中的现实,再到实践中的现实,总而言之,事实、实际、现实，这就是我们所说的作为哲学范畴的"客观世界"。

我们已经看到，由实际、事实、现实，再到人的认识视野中的客观真实性，这就是人们获得认识的真理性客观根据的认识过程。那么，这个认识过程中的关键是什么呢？这就是实践，因为实践是检验真理的唯一标准。当然，对这个认识过程不能简单化。这里的重要环节，是如何正确理解实践在检验认识的真理性过程中的复杂作用。这里，我们从现实社会生活中人们十分关注的一种实践——司法实践，来具体研究一下这个问题。

通过审判，把一个犯罪嫌疑人定为罪犯，是怎么样的一种司法过程呢？概括地说就是，一个以法律为准绳，另一个以事实为根据，而法律准绳和事实根据二者是统一的，这个统一的基础是法律事实。这就是说，以具体的法律条文为标准，以法律认定的事实即所谓法律事实为根据，这就是判断犯罪嫌疑人究竟是有罪还是无罪的根本依据。在这里，判断有罪和无罪的决定性的因素，归根到底是法律事实这个客观根据，因为如果离开了客观的法律事实根据，一切法律判断都无从谈起。

这个宝贵的法治思想，也是人类长期以来从惨痛的教训中得出的认识成果。在现代社会的法治实践中，我们能够从各种冤案的教训总结中看出，在许多情况下，是审判人员把犯罪嫌疑人的思想、言论与事实混为一谈，尤其是罔顾事实，最后造成了冤案。这个教训告诉了我们一个法学真理：在现代法治中，无论是什么样的思想和言论，如果确实错误甚至荒唐，你可以批判它，驳斥它，但是，绝不能成为法律审判的对象，更不能成为定罪的根据。

在这个问题上，马克思当年在批判普鲁士书报检查令的非法性质时，曾经深刻地阐述过这样的法学思想。马克思针锋相对地指出，"这样一来，作家就成了最可怕的恐怖主义的牺牲品，遭到了怀疑的制裁。反对倾向的法律，即没有规定客观标准的法律，乃是恐怖主义的法律……凡是不以行为本身而以当事人的思想方式作为主要标准的法律，无非是对非法行为的公开认可……我只是由于表现自己，只是由于踏入现实的领域，我才进入受立法者支配的范围。对于法律来说，除了我的行为以外，我是根本不存在的，我根本不是法律的对象。我的行为就是我同法律打交道的唯一领域，因为行为就是我为之要求生存权利、要求现实权利的唯一东西，而且因此我才受到现行法的支配。可是追求倾向的法律不仅要惩罚我所做的，而且要惩罚我所想的，不管我的行为如何。所以，这种法律是对公民名誉的一种侮辱，是威胁着我的生存的一种阴险的陷阱。"[①] 这就是马克思的唯物主义法哲学。

我们从这些深刻而精彩的论述中可以看出，对马克思来说，人表达思想的自由即言论自由，这是高尚的人的最宝贵的东西，是人之所以为人的价值所在。所以，思想自由和言论自由不但是任何法律都不能剥夺的，而且是真正的法律所必须加以保护的东西。任何一种性质的思想和言论，都不能作为法律惩罚的根据，因为它不是客观存在，无法制定出判断思想和言论是有罪还是无罪的客观标准。马克思坚定捍卫思想自由和言论自由的法律思想本身，实际上已经揭示了现代法治的铁定真理：只有客观的法律事实，才能成为认定某人是不是罪犯的根据。但是，对那些揭示出的事实，如何才能确认成为对人实行法律惩罚的客观根据呢？

应该承认，在这个问题上，人类在法律史上走过漫长曲折的道路，付出过痛苦的代价，这些沉痛教训本身也在教育我们——摆脱冤假错案的根本出路何在？简单说来就是在作出法律判断的实践过程中，认真实行现代法治原则和民主原则。一般来说，审判过程能够真正公开、公正、平等，就有可能在最大限度内避免冤假错案的发生。

---

[①] 《马克思恩格斯全集》第1卷，人民出版社1956年版，第16—17页。

# 第五讲
# 抽象思维的特殊认识论价值
——关于事物本质和规律的哲学思维

究竟什么是哲学的抽象思维呢？我们从大量的实践经验中，可以明白这样的道理：世界上的事物，总是千差万别的，都有自己的个性，所以，它们都是个别的；但是，任何事物都可以归为一定的种类，而同类的事物，则总是有某种共性的，有一些共同特征，这样，经过人的抽象思维，得出了对这些同类事物本质的概念，这就是事物的一般。由此看来，世界上的任何事物，没有脱离个别的一般，而任何的一般，都必然要通过个别而反映出来。可见，事物的一般与个别的关系，实际上也是事物的共性和个性的关系。与从个别到一般一样，从个性到共性，也是一种抽象思维的过程。

关于个别与一般关系这个认识中的辩证法，列宁有个深刻的概括："对立面（个别跟一般相对立）是同一的：个别一定与一般相联而存在。一般只能在个别中存在，只能通过个别而存在。任何个别（不论怎样）都是一般。任何一般都是个别的（一部分，或一方面，或本质）。任何一般只是大致地包括一切个别事物。任何个别都不能完全地包括在一般之中，如此等等。"[①] 我们对事物的认识，总是从个别到一般，又从一般再到个别，经过这样辩证的抽象思维过程，才能逐步达到对事物本质越来越深刻的认识。实践证明，能不能掌握哲学思维的这种抽象认识过

---

① 《列宁选集》第 2 卷，人民出版社 2012 年版，第 558 页。

程，不但是一个重要思想方法问题，而且也是一个科学的工作方法问题。对领导干部来说，抽象思维中蕴藏着哲学智慧。

那么，究竟什么是哲学的抽象思维呢？哲学是一种概念性的思维，概念的特点是其抽象性质，这其中的一个突出表现就是关于事物本质和规律的哲学思维。事物本质和规律的表现形式是抽象概念，认识事物的本质和规律，是哲学研究的重要内容，这就决定了哲学思维必然是一种抽象思维。

哲学的研究对象是人的思想，哲学思维的实质是思想之思想。如果与各种具体科学研究相比，或者说，就与其他各种科学思维形式相比，作为哲学思维对象最高形式的人的思想，反映着事物的最深刻的本质，具有最大的普遍性，因而有着最广泛的意义。而思想则是一种最高的思维成果，这就决定了哲学思维最高程度的抽象性质。事实证明，作为哲学思维形式的抽象思维能力，这是哲学思维的特点，也是哲学思维的优点。

真正的哲学上的抽象思维，具有肯定性的认识论意义。那么，究竟什么是哲学上的抽象思维呢？一般来说，所谓抽象思维（Abstract Thinking）是人们在由感性认识上升到理性认识的阶段上，超越事物的具体现象，通过对各种认识素材的综合分析，从对事物认识的感性具体，由感性认识达到理性认识，形成了概念，运用概念进行判断、推理等思维形式，对客观事物进行间接的反映的过程，在这个认识过程中，揭示事物的本质及其发展的规律。这就是抽象思维阶段的基本过程和认识特征及认识要素。

可以看出，概念的形成及其正确运用，是抽象思维的基本认识内容。所以，抽象思维认识过程中有决定意义的认识要素，是概念。一旦离开概念，人就谈不上什么抽象思维了。所以，关于概念的形成和实质问题，这是研究抽象思维的一个关键环节。

在肯定意义上的抽象思维，核心问题是看这样的思维方式能不能正确反映事物的本质。这就是说，你的认识就是再全面、再细致，如果仍然不能正确反映事物的本质，那就不能说是作为理性认识形式的抽象思维。这主要是因为，在抽象思维阶段，人的认识具有了更高的理性认识程度，即通过对事物本质的认识，而进入对事物的发展规律的揭示。

从这个认识过程的实质来看，哲学思维就是人们把自己所掌握的原始材料进行清理，剔除那些无关紧要的、表面的东西，对那些主要的材料进行归纳、概括，凝结出相应的概念。运用概念，进行推理，得出一些根本性的观点，从而使人透过现象认识其本质，这就是具有哲学头脑的人的抽象思维能力。

再进一步概括地说，这是人对客观事物认识的一种升华和结晶，即通过从感性认识到理性认识形成概念来反映事物的本质，进而揭示事物的发展规律。这里的关键，是人们在其认识过程中把感性认识阶段所观察到的事物的具体现象，即事物丰富多彩的多样性，在理性认识的层次上进行抽象，形成反映事物本质的概念。

那么，在人类的认识过程中，概念是如何形成的呢？简单地说，作为哲学范畴的概念，是人类在总结实践经验的过程中，对事物之间关系之本质，特别是人的社会关系之本质的揭示，是在本质上对事物及其关系的一种反映形式。这就是说，概念的形成是一种抽象思维的过程，一定思想理论层次上的概念，则是一定程度抽象思维的结果。所以，概念是人的思维对客观事物的一种抽象。这里所说的抽象，是指人的意识在反映事物，包括宇宙、社会、人本身在内的一切客观存在的时候，撇开了它们自身那些偶然的、肤浅的、即非本质的因素，集中抽取反映它们那些必然的、深刻的、即本质的因素，于是，人的认识就由感性的具体现象上升到理性的抽象规定。这样，就形成了能够比较集中反映事物本质属性的抽象概念。这就是说，概念的形成过程就是认识中的抽象过程。通过哲学的抽象思维，我们将进入一个更加丰富多彩的概念世界，达到更高层次的认识境界。

第二篇　客观理性思维的科学认识论意义

可以看出，抽象思维的根本目的是使人的认识真正达到对事物的具体的认识。这就是说，抽象思维的实际过程是从抽象上升到具体。当然，这里的所谓"具体认识"是在抽象概念中的具体，是一种精神层次中的具体，是思维中的具体。为什么这样的抽象思维会达到对事物的更高层次的具体认识呢？因为从抽象上升到具体的研究方法，只是思维用来掌握具体、把它当作一个精神上的具体再现出来的方式。在哲学意识中，被正在理解的思维着的人才是现实的、具体的人，同样道理，被理解了的世界本身才是现实的、具体的世界。所以，由抽象思维而形成的认识中的这种具体，具体总体作为思想总体、作为思想具体，事实上是思维的、理解的产物；但不是处于直观和表象之外或驾于其上而思维着的、自我产生着的概念的产物，而是把直观和表象加工成概念这一过程的产物。

这就是说，在抽象思维过程中，从抽象上升到具体实际上是从现实中的具体上升到概念中的具体，而只有精神上即概念中的具体，才是对客观事物本质及其发展规律真正的具体的认识，而这恰恰就是哲学思维的根本目的。那么，这样的哲学思维目的如何才能实现呢？

马克思写道："物理学家是在自然过程表现得最确实、最少受干扰的地方观察自然过程的，或者，如有可能，是在保证过程以其纯粹形态进行的条件下从事实验的。我要在本书研究的，是资本主义生产方式以及和它相适应的生产关系和交换关系。"[①] 那么，应该运用什么样的方法分析这样的事物呢？他指出："分析经济形式，既不能用显微镜，也不能用化学试剂。二者都必须用抽象力来代替。"[②]

那么，马克思是如何运用抽象思维方式（抽象力）来分析资本主义经济形式，即资本主义生产方式以及和它相适应的生产关系与交换关系的呢？他是从分析商品开始，通过凝结在商品中的抽象人类劳动，来

---

① 《马克思恩格斯选集》第2卷，人民出版社1995年版，第100页。
② 《马克思恩格斯选集》第2卷，人民出版社1995年版，第99—100页。

揭示价值的本质的。为了使我们能够更加清楚地认识马克思的抽象思维研究方法，这里尽量比较全面地引用他的论述。

马克思说过，他的《资本论》中，最难懂的是关于商品的部分，因为这里包含了一系列的抽象，即商品——使用价值——交换价值——抽象人类劳动——社会必要劳动时间——价值。

作为使用价值，商品首先有质的差别；作为交换价值，商品只能有量的差别，因而不包含任何一个使用价值的原子。

如果把商品体的使用价值撇开，商品体就只剩下一个属性，即劳动产品这个属性。可是劳动产品在我们手里也已经起了变化。如果我们把劳动产品的使用价值抽去，那么也就是把那些使劳动产品成为使用价值的物质的组成部分和形式抽去，它们不再是桌子、房屋、纱或别的什么有用物，它们的一切可以感觉到的属性都消失了，它们也不再是木匠劳动、瓦匠劳动、纺纱劳动或其他某种一定的生产劳动的产品了。随着劳动产品的有用性质的消失，体现在劳动产品中的各种劳动的有用性质也消失了，因而这些劳动的各种具体形式也消失了。各种劳动不再有什么差别，全都化为相同的人类劳动，抽象人类劳动。

现在我们来考察劳动产品剩下的东西。它们剩下的只是同一的幽灵般的对象性，只是无差别的人类劳动的单纯凝结，即不管以哪种形式进行的人类劳动力耗费的单纯凝结。这些物现在只是表示，在它们的生产上耗费了人类劳动力，积累了人类劳动。这些物，作为它们共有的这个社会实体的结晶，就是价值——商品价值。

在商品的交换关系中，商品的交换价值表现为同它们的使用价值完全无关的东西。如果真正把劳动产品的使用价值抽去，就得到刚才已经规定的它们的价值。因此，在商品的交换关系或交换价值中表现出来的共同东西，就是商品的价值。可见，使用价值或财物具有价值，只是因为有抽象人类劳动对象化或物化在里面。

商品的价值体现在人类劳动中，不过，体现在商品世界全部价值中的社会的全部劳动力,在这里都是一个同一的人类劳动力,它具有社会平均劳动力的性质,起着社会平均劳动力的作用,从而在商品的生产上只使用平均必要劳动时间或社会必要劳动时间。

马克思指出:"可见,只是社会必要劳动量,或生产使用价值的社会必要劳动时间,决定该使用价值的价值量。"[①]

许多人感到《资本论》难读,原因是一开始就遇到了"商品"这个抽象概念。但是,如果我们按照马克思上述的思路认真读下去,就会越来越深刻地认识到,正是在商品这个抽象概念中,集中揭示了资本主义生产的本质特征,或者可以说,在"商品"中隐藏着资本与劳动之间关系的全部秘密,再进一步还可以说,通过"商品"我们可以发现一个丰富多彩的资本主义社会。可以看出,商品这个范畴,是马克思(当然包括他以前的那些经济学家)对资本主义生产、经营、流通过程进行抽象的认识结果。这就是说,"商品"的抽象,就是马克思对整个资本主义社会关系的一种"抽象",在更高层次的具体中揭示资本主义社会关系的本质。

在这样的科学研究方法中,马克思写道,"具体之所以具体,因为它是许多规定的综合,因而是多样性的统一。因此它在思维中表现为综合的过程,表现为结果,而不是表现为起点,虽然它是现实的起点,因而也是直观和表象的起点。在第一条道路上,完整的表象蒸发为抽象的规定;在第二条道路上,抽象的规定在思维行程中导致具体的再现"[②]。

在马克思的这个论述中,我们可以看出,科学抽象的思维过程的实质,就是从具体到抽象、再从抽象到具体,如此循环往复,使人的认识不断达到更高层次的本质。

作为理性认识的高级认识形式,抽象思维是一种严格的逻辑思维,所以抽象思维的整个过程必须严格遵循基本的逻辑规律。其中的一条,

---

[①] 《马克思恩格斯文集》第 5 卷,人民出版社 2009 年版,第 52 页。
[②] 《马克思恩格斯选集》第 2 卷,人民出版社 1995 年版,第 18 页。

是要做到概念的含义准确、内涵清楚、表达确定，推理合乎形式逻辑的基本规律，判断科学，整个过程做到实事求是。

一般来说，抽象是在概括基础上的，是比概括更高层次的理论思维形式。如果说概括主要是一种归纳综合思维，那么，抽象则主要是一种演绎分析思维。也就是说，如果说概括是用归纳形式进行的一种综合思维，那么，抽象则是在综合基础上进行的一种分析思维。概括、综合、分析，这三者在抽象思维过程中具有层层上升的逻辑次序，它们依次进入到更高的理论层次，即认识的理性阶段。以概括为基础的抽象思维，在分析的结果中，达到对事物的本质的认识，从而进一步达到对事物规律的认识。对事物本质和规律的认识，这是抽象思维的出发点和归宿。

那么，抽象思维的认识论目的是什么呢？作为哲学思维的抽象思维目的，归根到底是为了达到对客观世界认识的真理性。那么，在哲学思维中，人对一些活生生的、各种各样的具体事物，通过抽象，形成了一系列的相应的抽象概念，这样的认识结果能够正确、真实地反映客观事物吗？概念是人脑思维的最高产物，因此，它能够在更高的层次上正确反映事物的本质。列宁在研究黑格尔的逻辑学时写道："思维从具体的东西上升到抽象的东西时，不是离开——如果它是正确的（注意）（而康德，像所有的哲学家一样，谈论正确的思维）——真理，而是接近真理。物质的抽象，自然规律的抽象，价值的抽象的等等，一句话，一切科学的（正确的、郑重的、不是荒唐的）抽象，都更深刻、更正确、更完全地反映自然。从生动的直观到抽象的思维，并从抽象的思维到实践，这就是认识真理、认识客观实在的辩证途径。"[①] 这就是说，通过抽象思维所形成的概念，在概念中能够更深刻地反映事物的本质，而在关于事物本质的理论层次上，人们便可以认识事物发展的规律。

抽象思维使人的认识由感性阶段上升到理性阶段，这是基于社会实

---

① 《列宁专题文集　论辩证唯物主义和历史唯物主义》，人民出版社2009年版，第135页。

践而使认识本身发生的一种必然变化。在理性认识阶段，人的认识为什么能够把握事物的本质，从而揭示事物及其发展的规律呢？这里的关键，是人的认识在抽象思维的过程中，形成了概念（范畴）。概念，这是人的认识过程中的一次革命性质的飞跃，它把人的认识提高到了一个空前历史水平。我们可以说，抽象思维在根本上是一种创造性思维，无论是物质生活领域还是在精神生活领域里，人类进步事业中的一切伟大的创造，都与这一种思维的创造性有着本质上的联系。当然，人类社会中那些伟大的失误，也与它的否定性作用是分不开的。这就是说抽象思维在人类探索客观世界过程中，特别是研究事物的本质和规律的时候，具有极为特殊的认识论意义。

就其形成过程而言，概念是抽象思维的一个思想结果，而抽象性则是概念的本质特征。从人类探索自然界和人类社会的经验教训来看，无论是从肯定的方面还是从否定的方面，我们在许多不同领域中认识的深化往往都取决于对抽象概念的理解和抽象思维的实际运用。

在这方面，不仅是哲学的认识领域中存在抽象思维形式，在其他的认识领域中，也有相类似的抽象思维形式。比如作为科学的数学，以抽象的数字作为认识的对象，通过数字关系的演化，来反映客观世界的本质，就是一种抽象的思维形式。再比如在艺术中，抽象派画派就具有这样的突出特点。抽象派绘画体现在一幅画没有必要非要体现某个主题，或者非要描绘某个具体物件。一幅画，没有主题，没有具体物件所指，当然就使这幅画具有了一种"抽象"的性质。不过，正是由于这个"抽象"性质，赋予了作者以丰富的想象力，同样也给观者以充分的想象余地。作为艺术创作中的抽象派绘画，它表现的是艺术家独特的想象力。正因为特别自由的风格，抽象派绘画从其形成至今，一直存在着激烈的争议，赞赏和攻击并存，可以这样说，这个画派是在尖锐的反对声中逐渐被人们接受的。不过，我们从抽象派画家的这些"随意"之作中，能够更加清楚地看到，他们借助这样的抽象艺术创作而获得的思想自由以及由此而带来的创造性激情。很显然,这种自由和激情,是人们创造性活动中最宝贵的东西。从中,我们可以看到抽象思维更深层次的方法论价值。

人对客观世界的认识是一个无限的过程,通过不同的形式、在不同的领域,人的思维能够展现越来越大的能力。有一个说法是,哲学思维是经过科学达到艺术的境界。

我们已经看到,人类在探索物质世界,即大自然方面,已经取得了越来越多的成就,认识能力越来越强。人的认识能力和水平,集中反映在科学研究的成果中,而这些成果的最高形式,则存在于科学概念中。比如,爱因斯坦的相对论大大深化了人类对宇宙时空奥秘的探索,他提出的"同时的相对性""四维时空""弯曲时空"等全新的概念,颠覆性改变了人类对宇宙和自然的"常识性"观念。作为20世纪的伟大科学成果,量子力学在研究微观物质运动(亚原子粒子)的存在及其运动状况的过程中,提出微观领域物质运动的"波粒二象性""波函数""不确定性原理"等全新概念,打开了人类在物质运动微观领域的知识之窗。宇宙时空——那些无限宏观和无限微观神秘世界,人类是通过相对论、量子力学的这些抽象概念来认识的。物理学的这些抽象概念,在我们面前展现出了一个全新的世界。相对论、量子力学是20世纪人类的伟大创造性贡献,而这些划时代的新思想,是反映在物理学的这些抽象概念之中的。这就是抽象思维的创造性价值之明证。

不过,科学发展的实践也在证明,对大自然界奥秘的进一步探索,变得越来越困难了。人类对自然界、社会,特别是对人本身的认识能力,面临着巨大的考验。

抽象思维及其主要认识要素——概念,其基本特征是其抽象性质,在一定意义上可以说,抽象概念显示了抽象思维的非现实性;但是,在抽象的概念世界里,在更高的理论层次上,反映出了现实世界的无限丰富性质。所以,就其能够在更大程度上增强人的认识能力这一点来说,它又能够以特殊的方式，显示其巨大的现实意义。研究这个问题，对社会科学研究具有特殊的现实意义。

从科学理论的角度说，如何正确理解和运用抽象概念是一个学术基础的问题。要在基本理论上保持正确，必须奠定牢固而正确的学术基础。如果没有牢固而正确的学术基础，我们在理论问题上可能会因为各种思想或者政治上的干扰不断地发生动摇，并且还会犯重大的错误。

人们运用抽象思维认识事物的本质、把握事物发展的基本规律，这样，我们就能够正确指导自己的实践。所以，真正的哲学抽象思维不但具有非常重要的认识论意义，同时，作为哲学方法论也具有非常重要的实践价值和现实意义。

在更高的理论层次上对客观事物，特别是物质世界的本质进行抽象，形成一般概念，这可以说是人们在对自己的生产、生活经验的总结中抽象出来的，而有一些概念则是科学研究实践的产物。什么是空间？什么是时间？这是许多人在经常运用、但又不是能够一下子说得清楚的事情。在这方面，科学研究的作用是不能忽视的。科学家在研究客观世界各种物质现象的时候，从大千世界中物质的具体存在、运动形态、物质的具体发展、变化形态中，撇开那些偶然的、非本质的因素，对其本质规定，进行抽象——物质的运动和存在形式，这就是空间；物质的发展变化形式，这就是时间。这正如中国人的语言中所概括的，天圆地方曰宇，古往今来曰宙。现实生活说明，如果没有空间概念，没有时间概念，人们的生活几乎是不可想象的事情。

任何一种文艺作品的创作都要坚持为人民服务、为社会主义服务这个根本原则，任何有价值的文艺作品都决不能违背这些共同要求；但是，如果我们的文艺作品只是一些空洞的套话，甚至只有一些政治口号，而不能创造出有血有肉、个性鲜明的生动艺术形象，就不可能吸引群众，更难实现团结群众、教育群众的目的。这样，贯彻根本原则、坚持政治方向，都成了一句空话。

在谈到"生产"这个抽象概念的时候，马克思写道，"生产的一切时代有某些共同标志，共同规定。生产一般是一个抽象，但是只要它真正把共同点提出来，定下来，免得我们重复，它就是一个合理的抽象。不过，这个一般，或者说，经过比较而抽出来的共同点，本身就是有许多组成部分的、分为不同规定的东西。其中有些属于一切时代，另一些是几个时代共有的。[有些]规定是最新时代和最古时代共有的。没有它们，任何生产都无从设想；但是，如果说最发达的语言和最不发达的语言共同具有一些规律和规定，那么，构成语言发展的恰恰是有别于这个一般和共同点的差别。对生产一般适用的种种规定所以要抽出来，也正是为了不致因为有了统一（主体是人，客体是自然，这总是一样的，这里已经出现了统一）而忘记本质的差别"①。马克思认为，关于"生产一般"的这个抽象思维活动，这是经济学研究的一种科学的、正确的方法。我们可以看到，对"生产一般"的这个抽象，在整个的经济学理论研究中，甚至在现代社会的市场经济中，都具有普遍的认识论价值，因而，也都具有方法论的意义。

实事求是地研究具体问题，要具有抽象思维能力，把自己的认识提高到哲学的层次上，把握事物的本质，洞悉事物的发展规律，这样才能高瞻远瞩、深谋远虑。所以，这样的思想方法和工作方法对避免工作的盲目性是十分有价值的。可见，在社会实践中增强抽象思维能力，是能够提高领导智慧水平的一个极为重要的哲学思维途径。

---

① 《马克思恩格斯选集》第2卷，人民出版社1995年版，第3页。

# 第六讲
# 思辨思维的实质与方法论价值

在一些文章中，作者很善于把一些散乱的、原始形态的思想材料，或者把那些人们不得要领的观点，归纳为几个精练的理论观点，用简明扼要的语言加以表述，使读者对这些观点的理解感到理论层次高而且思想深刻。为什么会产生这样的区别呢？除了实际的理论水平和语言修养等因素之外，主要原因是他们经过基本的哲学思维训练，因而具有深厚的哲学思想素养，其中的一个突出特点，是他们表现出了很强的哲学思辨能力。

关于我们应该如何科学地认识哲学思辨或者思辨能力的问题，近代法国哲学家笛卡尔有一句名言：我思故我在。这句话被认为是研究思辨思维问题的经典案例。在解释这个思辨思维的实质问题时，笛卡尔提出了"由怀疑到第一真理"这样一个哲学思维过程。有的时候一些人提出的观点明明是错误的，但你却很难提出其错误的根据，有的时候一些人指出某种现象本来是不真实的，但你却很难提出它的虚假性的根据，等等。为了论证由于"我思"所以应该肯定"我在"的这个哲学道理，笛卡尔进一步指出，"什么是一个在思维的东西呢？那就是说，一个在怀疑，在领会，在肯定，在否定，在愿意，在不愿意，也在想象，在感觉的东西"[①]。同时，他又从反面加以论证"我思"必然是"我在"的这个道理："当我看见或者当我想是看见（这是我不再加以区别的）的时

---

① 〔法〕笛卡尔著，庞景仁译：《第一哲学沉思集》，商务印书馆1986年版，第27页。

候,这个在思维着的我倒不是个什么东西,这是不可能的"[1]。很显然,这个论证很有说服力。

由于笛卡尔提出了这种思辨思维,他开辟了哲学思维的一个新境界,因为他对现存事物本质的理解比一般人的认识更加深刻,他能够从"这是一种不可能犯的错误"的断言中,寻找犯错误的"原因",能够从所谓"无法找出疑点的假象"中,挖掘出其假象的根据,等等。这种思辨能力的实质是什么呢?简单说来,这就是一种无所畏惧的、彻底的怀疑精神。所谓"思辨"思维,以最高程度的思想探索和实践努力,冲破所有的思维束缚,最大限度地揭示现象的真实本质。

那么,究竟什么是作为特殊的哲学思维形式的思辨(Speculation)呢?一般认为,作为哲学认识形式的思辨思维是指与感性经验认识不同的高级理性认识,所以,思辨思维的基本形式是一种概念思维,即运用概念进行的纯粹理性思维形式。思辨思维的对象是客观事物的矛盾性质,即思维的内在的对立统一本质。正是在这个意义上,哲学家们认为思辨的本质就是一种辩证法的思维方式,所以,哲学术语常常把思辨思维称为辩证思维。

以黑格尔为代表的德国古典哲学,就其基本的哲学思维形式而言,是一种思辨的哲学,而思辨哲学的本质则是作为思维灵魂的辩证法,所以,对黑格尔来说,思辨思维就是辩证思维。黑格尔指出,他所说的"思辨的思维",是与那种克服了所谓"表象思维"的肤浅性,并且与"表象思维"根本不同的"概念的思维"。在表象思维中,往往不是抽象的肯定,就是空洞的否定,而且肯定与否定之间是一种外在的关系,而在概念的思维中,"否定本身就是内容的一部分;无论是作为内容的内在运动和规定,或是作为这种运动和规定的全体,否定也就是肯定"[2]。

---

[1] 〔法〕笛卡尔著,庞景仁译:《第一哲学沉思集》,商务印书馆 1986 年版,第 32 页。
[2] 〔德〕黑格尔著,贺麟、王玖兴译:《精神现象学》上卷,商务印书馆 1979 年版,第 40 页。

第二篇　客观理性思维的科学认识论意义

这就是说，思辨思维的辩证性质，本质上是揭示事物运动的辩证法在概念中的反映，即反映概念自身内在的对立统一。

在黑格尔看来，哲学的思维或哲学的陈述是对事物的本质的认识，而不是对非本质的认识，不是表象思维。很显然，这样的哲学认识形式，只能是在概念中进行的纯粹的思维活动。黑格尔指出："哲学的陈述，为了忠实于它对思辨的东西的本性的认识，必须保存辩证的形式，并且避免夹杂一切没有被概念地理解的和不是概念的东西。"① 黑格尔这里所说的"哲学的陈述""被概念地理解的""概念的东西"，都是指在概念里内在的对立统一思维，即辩证思维——客观世界运动的辩证法。对黑格尔来说，这自然是一个唯心主义的命题。

德国古典哲学的思辨思维是一种唯心主义的概念思维，特别是在康德的哲学中，这种思辨思维具有明显的先验论性质，黑格尔也没有摆脱先验论的束缚，他们是以一种颠倒的形式来阐述人类思维的辩证性质。所以，就思辨思维而言，他们是在错误的理论中阐述了一种正确的思维形式——人类思维的辩证性质。一般来说，思辨是借助概念进行的理论思维，辩证思维。

所谓辩证思维，即是对事物及其概念表现形式的思想的内在矛盾——对立统一。在对立面中把握对立面，这就是辩证思维，即思辨的思维方式实质。如上所述，黑格尔是在唯心主义的形式中来阐述的，而这恰恰是黑格尔哲学的合理内核。马克思、恩格斯改造了黑格尔的唯心主义体系，吸收了他的辩证法的合理内核，创造了唯物主义辩证法。这就是唯物主义哲学的辩证思维即思辨思维。

在黑格尔的哲学辩证法中，他是用正题、反题、合题这样的三段论来表述其辩证思维即思辨思维的。马克思对其进行了唯物主义的改造，形成了唯物主义的辩证思维命题。马克思写道："这个正题、这个与自

---

① 〔德〕黑格尔著，贺麟、王玖兴译：《精神现象学》上卷，商务印书馆1979年版，第45页。

己相对立的思想就会分为两个互相矛盾的思想，即肯定和否定，'是'和'否'。这两个包含在反题中的对抗因素的斗争，形成辩证运动。""两个相互矛盾方面的共存、斗争以及融合成一个新范畴，就是辩证运动。谁要给自己提出消除坏的方面的问题，就是立即切断了辩证运动。"① 马克思这里所说的"辩证运动"，首先是指客观世界运动的辩证法，同时也是指反映客观世界运动辩证法的人的辩证思维。

关于思辨思维的辩证性本质，恩格斯在其关于自然辩证法的批判性阐述时指出，在用进化论观点研究生物学的过程中就已经发现，有机界领域内那些固定不变的分类界线都消失了，相反地，无法分类的中间环节却日益增多了，几乎无法把有机体归到某一个纲里面去。"可是，正是那些过去被认为是不可调和的和不能化解的两极对立，正是那些强制规定的分界线和纲的区别，使现代的理论自然科学带上狭隘的形而上学的性质。这些对立和区别，虽然存在于自然界中，可是只具有相对意义，相反，它们那些想象的固定性和绝对意义，只不过是由我们的反思带进自然界的——这种认识构成辩证自然观的核心。"② 可以看出，恩格斯这里说的"反思"思维，就其实质内容而言，是一种思辨性质的哲学思维。

这就是说，思辨思维的实质就是辩证思维，即要坚持思维的辩证法，思辨思维与任何一种形而上学思维方式都是尖锐对立的。承认事物及其反映形式的思维内在的矛盾，揭示人的思想中的对立统一，这就是一般哲学思维的灵魂。把辩证法运用于我们的整个思维过程中，反对形而上学的思维方式，这就是思辨思维的实质，也是它的思想力量之所在。

思辨的这种辩证思维特点，使善于运用这种思维方式的人们，能够在对立中把握统一，也能够在统一中把握对立；在偶然性中看到必然

---

① 《马克思恩格斯文集》第1卷，人民出版社2009年版，第601、605页。
② 《马克思恩格斯选集》第3卷，人民出版社2012年版，第389页。

性，也在必然性中看到偶然性；在对事物肯定的理解中同时包含着对事物否定的理解，反之亦然。这样，人们的思想变得犀利而深邃，能够更加深刻地洞察事物及其思想的本质。思辨思维之所以能够产生巨大的思想力量，是因为思辨的辩证性质使人们所表述的思想具有无比深刻性。

人类的哲学史说明，思想见解的概括性，这是思辨思维的一个本质特点，也是它具有强大思想力量的一个重要因素。为什么思想见解的概括性越强就会使其具有越大的精神力量呢？这里所谓的哲学概括能力，是哲学思维的本质要求。因为在对客观事物进行哲学思考的过程中，要把具体的事物通过概念加以把握，从而提高理论表达的理性程度。一般来说，思维中的理性程度越高，理论上的概括性就越强。在哲学思维中，对思想观点进行概括的过程，实际上就是理论研究中的思想凝练功夫。可想而知，这样高度凝练的理论见解，自然就能够在更高的理性水平上，反映出思想的更大深刻程度，从而显示出它更强大的思想力量。

在进一步研究思辨思维的本质特征时，我们看到，作为认识世界的思维方式，哲学思维是从总体上、宏观上来加以把握世界的，而且反映的是自然界、社会和人本身的最一般特征。哲学思维方式的特点，是系统性、全面性的，基本特征是具有理论上的概括性。这一点恰恰是哲学思维的特点，即哲学不是对非本质的认识，而是对本质的认识，思想的力量恰恰是应该表现在它对事物本质认识的深刻程度。所以，进行哲学思维训练，就是要不断增强我们的理论概括能力。就此而言，我们在进行实际工作的过程中，是能够把那些凌乱的、不系统的思想资料，通过哲学思维——思辨思维方式，使之更加系统化、理论化，使我们的理论表达具有更强的概括性，从而显示出更强大的思想力量。所以，我们可以说，哲学概括能力，是我们的思想能力的一个不可或缺的理论基础。

哲学的思辨或者思辨思维，从实质上看它是运用抽象概念在纯粹的理性范围内，进行推理、判断、演绎等哲学思维，具有辩证理性的特点。这样的思辨思维能够在本质上揭示事物本身的多样性和统一性，更加深刻认识事物的内在矛盾，由此，哲学思维能够克服认识的局限性，不断地提高认识的思想层次，扩大理论视野，认识得更深，看得更远。

# 第七讲
# 反思思维的特殊方法论价值

在现实生活中，人们在探索新的思路时，特别是在寻求哲学智慧的过程中，应该在各种不同的思维方式中去进行研究和实践。作为哲学思维的一个特殊的领域，反思思维就是我们需要认真探讨的一个思想新天地。实践证明，人们在认真的反思思维过程中，能够有效地开辟增强哲学智慧的广阔精神领域。

通过对自己的思想和行为做诚恳检讨，反复地思考着，并且反躬自问，希望找出问题的答案。对这样一种思考形式的认识性质，哲学上称之为"反思"（Reflection）。

反思思维的实质是什么呢？作为一种哲学思维方式，所谓反思其原意就是回过头去、反过来进行的一种自我思考，即自己对自己的思想、体验或者感受的认识、理解，或者说是通过对自身的观察，对自己本身的一种思考，很显然，反思实际上是对自我本身的一种再认识。所以，从本质上说，哲学的反思思维就是一种自我意识。人类的认识史说明，这种特殊的哲学思维方式，具有极为重要的方法论价值。

我国哲学家冯友兰对反思的概念做过如下界定："所谓反思就是人类精神反过来以自己为对象而思之。人类的精神生活的主要部分是认识，所以也可以说，哲学是对于认识的认识。对于认识的认识，就是认识反过来以自己为对象而认识之，这就是认识的反思。"[1] 可以看出，

---

[1] 冯友兰：《中国现代哲学史》，广东人民出版社2019年版，第9页。

反思是更高层次的哲学思维形式——是对人自己的认识本身进行的一种的认识,是对自己的思想的一种思想过程。

在中外哲学史上,许多哲学家对反思这种思维方式进行过各种形式的探讨。在近代哲学史中,对反思问题研究得比较系统深刻的,是以康德、黑格尔为代表的德国古典哲学时期的哲学家。

在康德看来,人类的认识活动的一个任务,是把复合的活动分解为知性和感性的简单活动,而"在纯先天的判断方面,这种任务就由先验的思考来完成。象我们已经说明了的,通过先验的思考,每一个观念都在相应的认识能力里面被指定了它的地位,并且由于先验的思考,一种认识能力对另一种认识能力的影响,也就区别开来了"[1]。在康德之后,黑格尔对反思思维的研究,又向前发展了一大步,在唯心主义的形式中奠定了近代哲学反思思维的基础。

黑格尔认为,反思是一种哲学思维,而哲学思维则是在主体与客体的同一中、在本质和现象的同一中来达到对事物的本质性认识的,通过中介实现由现象到本质的认识,这就是哲学的反思。黑格尔指出:"只有通过以反思作为中介的改变,对象的真实本性才可呈现于意识前面。"[2] 对此,他进一步解释说:"反映或反思(Reflexion)这个词本来是用来讲光的,当光直线式地射出,碰在一个镜面上时,又从这镜面上反射回来,便叫作反映。在这个现象里有两方面,第一方面是一个直接的存在,第二方面同一存在是作为一间接性的或设定起来的东西。当我们反映或(象大家通常说的)反思一个对象时,情形亦复如此。因此这里我们所要认识的对象,不是它的直接性,而是它的间接的反映过来的现象。我们常认为哲学的任务或目的在于认识事物的本质,这意思只是说,不应当让事物停留在它的直接性里,而须指出它是以别的事物为中

---

[1] 北京大学哲学系外国哲学史教研室编译:《十八世纪末——十九世纪初德国哲学》,商务印书馆1975年版,第86—87页。

[2] 〔德〕黑格尔著,贺麟译:《小逻辑》,商务印书馆1980年版,第76页。

介或根据的。"①

马克思从费尔巴哈对黑格尔唯心主义哲学思想的批判中进一步发挥了他的异化思想，肯定了人作为一种对象性的存在物，所以，人的本质必须在人的对象物中才能得到认识，比如在劳动异化的过程中，"劳动的对象是人的类生活的对象化：人不仅象在意识中那样理智地复现自己，而且能动地、现实地复现自己，从而在他所创造的世界中直观自身。因此，异化劳动从人那里夺去了他的生产的对象，也就从人那里夺去了他的类生活"②。关于反思的这些论述，恰恰证明了反思的哲学思维的本质特征，即人们总是通过自己在客观对象中的反映来更加深刻地认识自己之特点，即在外在对象的反映中来发现本身——在扬弃了的自身中来认识自身。

我们说哲学是思想之思想，或者说是对已经形成了的思想的思想，这就是说，哲学思维一般来说是一种"滞后性"的思维。正是基于这样的认识，黑格尔把哲学的反思称为"后思"（Nachdenken），这就是说，哲学反思是指事后对某些观念的思考，或者是一种随后的思维，是随着现实的发展而对现实进行一种的思考，所以，哲学总是来得太迟。关于这个思想，黑格尔概括说："哲学的认识方式只是一种反思，——意指跟随在事实后面的反复思考。"③

马克思、恩格斯在《神圣家族》一书中对黑格尔的这个思想作了如下的解释："早在黑格尔那里，历史的绝对精神就在群众中拥有它所需要的材料，并且首先在哲学中得到它相应的表现。但是，哲学家只不过是创造历史的绝对精神在运动完成之后用来回顾既往以求意识到自身的一种工具。哲学家参与历史只限于他这种回顾既往的意识，因为真正的运动已被绝对精神无意地完成了。所以哲学家是 post festum［事后］

---

① ［德］黑格尔著，贺麟译：《小逻辑》，商务印书馆1980年版，第242页。
② 《马克思恩格斯全集》第42卷，人民出版社1979年版，第97页。
③ ［德］黑格尔著，贺麟译：《小逻辑》，商务印书馆1980年版，第7页。

才上场的。"① 在这一点上，马克思、恩格斯与黑格尔对哲学思维本性的理解是一致的，即哲学是对完成了的观念形态的世界的一种思考，这就是说，作为哲学思维的反思的这种非先验性，恰恰是它在思想上的一种可贵之处。后来，马克思以他对商品、资本等范畴本质的研究为例，更加深刻地阐述了这一种哲学思维形式的特殊本质特征。他指出："对人类生活形式的思索，从而对这些形式的科学分析，总是采取同实际发展相反的道路。这种思索是从事后开始的，就是说，是从发展过程的完成的结果开始的。"② 这是对哲学思维基本原则的又一次深刻阐述。

综上所述，我们对反思的实质的认识，会有更加深入的了解。一般来说，反思就是一种哲学思维；再进一步具体地说，从辩证唯物主义认识论的角度看，所谓"反思"就是认识主体通过主体与客体的矛盾来达到对主体自身本质的更深刻认识。这就意味着，人应当而且可能在自己与客观世界的对立统一中来认识自己的内在本质特征。实际上，这也是一般哲学思维的主要表现形式，是对事物本质的认识的基本过程，因为事物在本质上就是一种矛盾，人作为认识主体，它与客观事物就是处在对立统一的关系中。所以，反思也就是认识过程中矛盾的一种特殊表现形式——人在矛盾中才能深刻认识自己和世界。

那么，如果在认识的更高层次上看，所谓哲学的反思，就是在主客观的对立统一中认识主体把自身作为认识对象，而对自己的认识过程，因而，反思也可以说是人在认识过程中的一种"自觉"行为。因为通过这样的反思，主体能够对自己的精神本性及其存在状态，会有一个更深刻的了解。同时，也能够使我们对哲学认识的基本特征有一个初步的理性认识，从而增强我们的哲学抽象思维能力。事实证明，这样的认识形式使我们对自身及其与现实世界关系本质的认识越来越深刻。

---

① 《马克思恩格斯全集》第 2 卷，人民出版社 1957 年版，第 108 页。
② 《马克思恩格斯文集》第 5 卷，人民出版社 2009 年版，第 93 页。

## 第三篇

# 哲学思维的逻辑学基础

你的讲话合乎逻辑吗？你的文章有逻辑性吗？你的论断有逻辑力量吗？这些问题的实质一般是指形式逻辑的问题。形式逻辑即逻辑学，是整个哲学思维的学术基础，能不能把哲学思维稳妥地建立在逻辑学这个基础之上是一个有决定性意义的事情。所以，为了深入了解这个问题，我们有必要对形式逻辑即逻辑学的基本理论，做一些系统的科学研究，以求进一步挖掘逻辑学中的哲学智慧，不断增强语言逻辑性，发挥论述的思想能力，提高哲学思维的学术水平。

# 第八讲
# 逻辑：哲学思维的基本规则

逻辑，即逻辑思维，也就是人类的思维形式、结构及其相应的规律、规则，这是逻辑学的研究对象。我们这里所说的逻辑学通常是指形式逻辑理论，也就是所谓传统逻辑，这是逻辑学的最基础的内容，也就是本来意义上的逻辑学。这里，我们从逻辑学的起源、发展及其现代学术形式说起。

"逻辑"这个概念，是由我国哲学家严复将"logic"翻译为汉文"逻辑"后在中国开始流行的。有人认为，"逻辑"这个概念的前身是希腊词汇"逻各斯"（Logos）。在哲学史上，从古希腊到近现代的不同的哲学派别和哲学家对"逻各斯"的内涵曾经给予过不同的界定，主要的观点是认为其表达的是一种思想理性，是存在的一般规律，对思维来说，就是思维的一般原则、规则、秩序等。在逻辑学的发展过程中，后来经常运用的"逻辑"的内涵与"逻各斯"的内涵，基本上是一致的。我们今天所运用的逻辑，作为逻辑学的研究对象，它的主要内涵就是思维的形式、结构和规律，基本的表现形式就是在思维过程中应该遵循的规律、原则、规则等，简单地说，逻辑就是哲学思维的基本规则。当然，在其他的一些学科中，有的时候也使用"逻辑"一词，不过大多数情况下是在该词引申意义上的应用。本来意义上的逻辑学是研究人的思想的本质及其发展规律的，所以，逻辑学是哲学的基础学科，逻辑学是哲学思维的学术基础。

就其研究对象而言，逻辑学属于哲学的一部分，或者说逻辑学是哲学的一个分支学科，它的研究对象也是思维方式的问题，具体说，就是对人类思维的形式、结构及其规律规则等问题的研究和运用。逻辑学研究的核心范畴是：（1）一般的规律、原理和规则；（2）命题，说明，解释，论证等；（3）作为理性认识形式的推理、推理能力等；（4）尺度，关系，比例，比率等；（5）价值，分量等。这些内容有严格的秩序、明确的规律。首先提出概念，通过概念的表述，进行命题、判断、推理、演绎、归纳、论证等的基本规则（或者说规律），最后得出相应的逻辑结论。

提出和运用什么样的概念，是具有前提、基础性质的逻辑思维内容，可想而知，如果提出的概念的内涵不科学，那么，希望整个逻辑思维能够得出正确的结论，是无从谈起的。我们知道，概念是哲学思维的基本工具，当然也是逻辑思维的基本工具，运用概念这个基本工具必须遵循哲学——逻辑学的基本规则。所以，科学研究和正确运用逻辑学的基本规则，这是进行正常的逻辑思维的一项基本功。

所谓逻辑学的基本规则（或者说规律、原则、原理），主要有下述几个方面的内容。

一是同一律（同一性原理），其要求是在同一个思维过程中，一切思想都必须与自身保持同一。更具体地说，在同一思维过程中，必须保持概念自身的同一，否则就会犯"混淆概念"或"偷换概念"的错误；在同一思维过程中，必须保持论题自身的同一，否则就会犯"转移论题"或"偷换论题"的错误。同一律要求在同一思维过程（同一思考、同一表述、同一交谈、同一论辩）中，在什么意义上使用某个概念，就自始至终在这个唯一确定的意义上使用某个概念；讨论什么论题，就讨论什么论题，不能偏题、离题、跑题。同一律的作用在于保证思维的确定性。

古希腊哲学家巴门尼德曾经提出这样的观点，他认为，通向真理有两条截然不同的途径："第一条是：存在物是存在的，是不可能不存在的，这是确信的途径，因为它通向真理；另一条则是，存在物是不存在的，非存在必然存在，这一条路，我告诉你，是什么都学不到的。"① 我们的思维必须与自身保持一致，我们所有的不同的论述，都必须彼此保持一致。从这些论述中，我们可以对逻辑学的这个基本规则——同一律的本质要求，即论述中不同论点一致性的价值，有越来越深刻的认识。因为，如果要保证思维的确定性，必须有论点一致性的这个逻辑前提。

我们会发现，有的人在论证同一个论点的过程中，在不同的语境中，运用的同一个概念往往具有不同的内涵，或者是在不同的意义上使用同一个概念，这就出现了同一个论述中不同论点的不一致性。事实证明，由于运用的概念内涵不统一，其结果是哲学思维必然陷入混乱的状态。这就是说，逻辑学作为哲学思维的基础，核心问题是保证论点的准确性、一致性以及论题的确定性，这样才能使哲学思维具有科学性的基础。

二是矛盾律，实际上，"矛盾律"本来应该称为"禁止矛盾律"或者"不矛盾律"。矛盾律的主要内容是，在同一个思维过程中，两个互相矛盾的命题，不能同真，必有一假。矛盾律的逻辑要求是，在两个互相矛盾或互相反对的命题中，必须否定其中的一个，不能两个都肯定。这里需要指出的是，两个命题互相矛盾，是指它们不能同真，也不能同假；两个命题互相反对，是指它们不能同真，但可以同假。否则，就会犯"自相矛盾"的逻辑错误。矛盾律的作用在于保证思维的一致性。

关于矛盾律的实质，古希腊哲学家亚里士多德曾经有过明确的表述，他在《形而上学》一书中指出，"同一事物不能同时既是又不是"②。德国哲学家、数学家莱布尼兹认为矛盾律和充足理由律是逻辑

---

① 北京大学哲学系外国哲学史教研室编译：《古希腊罗马哲学》，商务印书馆1961年版，第51页。
② 〔古希腊〕亚里士多德著，吴寿彭译：《形而上学》，商务印书馆1959年版，第216页。

推理能够建立起来的两大原则,他对矛盾律的实质和价值的经典表述是"矛盾原则,凭着这个原则,我们判定包含矛盾者为假,与假的相对立或相矛盾者为真"[①]。我们必须承认,在客观世界中,矛盾是普遍存在的,没有矛盾就没有世界;但是,我们在对客观事物的表述中,却不能自相矛盾,否则,就无法准确地表达我们的思想了。所以,为了使哲学思维之思想结果保持一致性,必须遵循逻辑学的矛盾律,避免犯"自相矛盾"的逻辑错误。

三是排中律,其基本的逻辑要求是,在同一个论述中,对其中两个互相矛盾的命题,不能认为同是假的,必须确认其中必有一真。对同一个论述中两个互相矛盾的命题不能都否定,必须对其中一个做肯定的评价。排中律这个逻辑规律的实质是,同一个论述中的任何一个命题必定有真、有假,也就是说,这些互相矛盾的命题,应该是非真即假,非假即真;否则,就可能造成对互相矛盾的命题的真假性质不置可否,使读者不能从论述中获得一种明确的思想观点。由此可见,排中律的逻辑价值,是为了保证哲学思维论点的明确性。

关于排中律逻辑要求的实质,亚里士多德的解释是:"在相反叙述之间也不能有间体,于一个主题我们必须肯定或否定一个云谓。"[②] 这就是说,在同一个论述中,对互相矛盾的命题的真假性质或者观点的正确错误,必须有一个肯定性或者否定性的明确观点。实践证明,严格遵循排中律的逻辑要求对形成实事求是的良好文风具有重要意义。

四是充足理由律,其逻辑规则是在同一个思维过程中,对所论证的思想如果确认为真,必须具有充足的理由。具体来说,就是对所要论证的观点必须给予足够的论据,所提出的全部论据必须真实,提出的论据通过论证必须能够得出所需要的结论。充足理由律认为任何一种论述都

---

① 北京大学哲学系外国哲学史教研室编译:《十六——十八世纪西欧各国哲学》,生活·读书·新知三联书店1958年版,第297页。
② 〔古希腊〕亚里士多德著,吴寿彭译:《形而上学》,商务印书馆1959年版,第79页。

不能把那些没有充分论据或者毫无根据的思想结论强加于人，不能用一些虚假论据得出的错误观点来骗人。充足理由律的逻辑学价值在于它保证哲学思维思想结论的科学可靠性。

莱布尼兹对充足理由律的实质和价值的表述是："充足理由原则，凭着这个原则，我们认为，任何一件事如果是真实的或实在的，任何一个陈述如果是真的，就必须有一个为什么这样而不那样的充足理由，虽然这些理由常常总是不能为我们所知道的。"① 这就是说，要证明论述的真实性，其理由必须充足而且一定要全面，必须具有正反两方面的理由。

逻辑学的这些基本规则（或逻辑规律）是哲学思维之所以能够建立和运转的必要基础。遵循这样一些基本的逻辑规律，对保证思维的科学可靠性具有重要的学术价值。特别是矛盾律和充足理由律，应该认真研究和正确运用。对那些需要论证其正确性的科学论点，必须能够经得起正反两方面的检验，而且其证据应该是全面的，得出的结论才能认为是可信的。可见，作为科学发现重要原则之一的"证伪原则"，其思想精髓即在这里。

作为哲学思维基础的逻辑学，在上述的规则理论中突出地显示了它的科学价值，这是逻辑学研究的基本问题。同时，我们也应该认识到，任何一种科学理论都必然随着时代的前进在实践经验的总结中不断地丰富和发展。作为一种我们认为是古老学科的逻辑学，也是如此。比如对逻辑学研究的对象问题曾经有过不同的界定，一个时期里就有过关于"辩证逻辑"的研究，现在看来，"辩证逻辑"与"形式逻辑"不是逻辑学的不同学科，因为，"辩证逻辑"实际上就是辩证法的研究内容，辩证法的研究自然不等于逻辑学的学科体系。当然，从逻辑学的角度也可以对辩证法的运用形式进行研究，自然有利于丰富逻辑学的学科内容。

---

① 北京大学哲学系外国哲学史教研室编译：《十六——十八世纪西欧各国哲学》，生活·读书·新知三联书店1958年版，第297页。

在逻辑学的不同分支学科中，与现代科学技术密切联系的，有一种被称为"数理逻辑"（也称为"符号逻辑"）的学科，它的研究对象也是思维形式的结构及其规律问题，不过它是用一套表意符号（即人工符号语言）来表达思维形式的结构及其规律，运用像算术或者代数那样严格精确的数学方法进行演算。这样就能够克服自然语言的局限，保证结论不出现歧义。数理逻辑在现代语言学、现代数学的研究中得到了广泛的应用和发展，特别是在计算机科学上的运用，比如在硬件设计和软件处理方面，在用数学方法处理信息方面，日益显示出了逻辑思维认识世界的特殊工具作用。逻辑学基本原理在科学技术领域中的广泛运用，正在为现代科学奠定更牢固的理论思维基础，同时也使逻辑学本身得到了空前的发展。

此外，还有一些逻辑学的分支学科，如元逻辑、语言逻辑、伦理逻辑、模糊逻辑，它们是逻辑学基本原理在这些不同领域中的应用，也可以说是不同学科研究中的逻辑问题。逻辑学这些不同分支学科对逻辑问题的研究，即对逻辑思维的运用，能够从不同的方面显示出人类的哲学智慧，并且在不同的层次上增强了人类认识世界的能力。

哲学思维的一个重要特征是其思辨性，思辨思维的本质特征除了它的辩证性、概括性之外，与这些本质特征相联系的，特别是与思维的辩证法相联系的，是整个哲学思维的逻辑性。所以，在广义上说，哲学就是逻辑学。但是，作为一种现代学术用语，我们今天通常所说的逻辑学毕竟不同于一般的哲学，狭义的逻辑学具有自己特殊的研究对象，那就是思维的逻辑性问题，或者说是思维逻辑问题。所谓思维的逻辑性或者思维逻辑主要是指哲学思维的基本规则，所以，逻辑学即哲学思维的规则理论。

逻辑思维中的哲学智慧，其根本来源何在？从某种层面说，就是开辟那些未知领域，获得新的知识。在这一点上，我们必须改变逻辑学单纯证明工具作用的非科学观点，必须充分肯定逻辑思维在人类取得新知方面的特殊价值。恩格斯曾经在批判杜林的错误观点时指出："正如人们可以把形式逻辑或初等数学狭隘地理解为单纯证明的工具一样，杜林先生把辩证法也看成这样的工具，这是对辩证法的本性根本不了解。甚至形式逻辑也首先是探寻新结果的方法，由已知进到未知的方法；辩证法也是这样，不过它高超得多；而且，因为辩证法突破了形式逻辑的狭隘界限，所以它包含着更广泛的世界观的萌芽。"[①] 这个论述重视了辩证法的重要认识论价值，是对形式逻辑认识工具意义的一种科学肯定。在人类新知识不断取得的过程中，形式逻辑的作用是必须充分肯定的。人们的经验教训向我们揭示了一个真理：无知总是与愚蠢联系在一起的。可想而知，如果没有新知识的取得和积累，人类的智慧不断增长又从何谈起呢？我们可以把形式逻辑理解为单纯的证明工具，但同时必须承认，形式逻辑首先是探讨新结果的方法，是由已知进到未知的方法。

随着人类哲学智慧水平的不断提高，更深刻的力量是思想的增强。我们通过对逻辑学的研究，可以进一步认识逻辑思维中丰富的哲学理论，而这其中的关键，是逻辑学的研究能够使我们对思想的本质及其发展规律的认识更加深刻，这一点对我们有着重要的价值。因为我们通过这样的认识过程，能够获得极为重要的思想财富，在逻辑思维所阐述的思想运行过程中蕴藏着丰富而可贵的哲学智慧。

任何一种哲学思维方式的产生和发展，都是时代的产物，逻辑学的发展也是如此。从文献中可以看出，古希腊和中国的先秦时期，由于思想文化发展的需要，自由争鸣之风盛行，适应提高辩论技巧的要求，于是，以职业智者身份出现的所谓"论辩之士""辩者""智者"应运而生。这些人思维敏捷、能言善辩，他们"是"常人之"所非"，"非"常人之"所是"，由此而提出了一些惊世骇俗的诡辩、悖论之类的命题，对社会的常识进行挑战，显示出了他们超群的智慧，开启了自由思想的

---

[①] 《马克思恩格斯选集》第3卷，人民出版社2012年版，第513页。

风气。比如古希腊论辩之士的"二分法""阿基里斯追不上乌龟""飞矢不动"等悖论，中国早期论辩之士提出的"白马非马""鸡三足""犬可以为羊""离坚白"等，可以看出，这是些颇有诡辩色彩的命题。在这些充满自由思考的命题中，智者们能够在"是"中看到"非"，在"非"中看到"是"，在"同"中见"异"，在"异"中见"同"。实践也证明，只有在自由的思想风气中，才可能激发出人们最大的智慧。

在一些人的常识中，上述悖论、诡辩命题，似乎是荒谬的、毫无意义的言辞，但如果我们从哲学思维的角度进行认真分析，就可以看出，当年的智者敏感地发现了人们思维中的一些矛盾，揭示出了这些矛盾，并利用这些矛盾形成了所谓悖论、诡辩性质的思维难题。

在这些智者的辩论中，特别是他们思维的尖锐交锋中，进一步显示出了这些人思想上的大智慧。其中的一个突出例子是《庄子·秋水》中记载的"濠梁之辩"。

庄子与惠子游于濠梁之上。庄子曰："鯈鱼出游从容，是鱼之乐也。"惠子曰："子非鱼，安知鱼之乐？"庄子曰："子非我，安知我不知鱼之乐？"惠子曰："我非子，固不知子矣。子固非鱼矣，子之不知鱼之乐，全矣。"庄子曰："请循其本。子曰'汝安知鱼乐'云者，既已知吾知之而问我，我知之濠上也。"[①]

庄子与惠子辩论的智慧在于他们在自己的表达中对概念内在矛盾的分析，运用假设进行归纳或者演绎的推理过程，从论题、论据到结论都有严密的逻辑性，又能在对方的表达中找出逻辑上的欠缺，而后者在答辩中则能巧妙地弥补自己在逻辑上的欠缺。这样的辩论实质上是思维主体之间的一种思想博弈，对后世具有典范意义。

严密的逻辑思维对文学家的艺术创作也有增益。在苏轼《念奴娇·赤壁怀古》中，有这样几句："大江东去，浪淘尽、千古风流人物。故

---

① 杨国荣：《庄子的思想世界（修订版）》，生活·读书·新知三联书店 2017 年版，第 159 页。

垒西边，人道是，三国周郎赤壁……"可以看出，苏轼是在面对三国赤壁之战的古战场来抒发自己的怀古之情的。但是，他当时所指的那个"赤壁"，究竟是不是三国赤壁之战的古战场，还不能肯定，但对他抒发自己的怀古之情并没有多大妨碍。于是，他写了一句"人道是，三国周郎赤壁"——反正有人这样说过。可以看出，苏轼不但词句精彩，而且思想缜密，在语言逻辑上也无懈可击，显示出了这位大文学家高超的哲学思维智慧。

研究和运用逻辑学是为了使我们的思维更加确切、规范、明确，这是思想深刻性的基本逻辑要求。但是，客观现实世界，特别是正在发展着的现实社会生活，实际上是多变复杂的，常常没有基本的规律可遵循，特别是对那些正在发生着、运动着的不同事物，很难划清界限，很难明确其准确性质。这样，随着现实的自然发展，就必然形成客观事物存在状态的模糊性，于是，在人的主观反映过程中，就会形成一种模糊性的思维。这就是逻辑学研究中提出的多值逻辑或者模糊逻辑的概念。

多值逻辑或者模糊逻辑是现代高科技，比如人工智能、电子技术等开发运用过程中，对形式逻辑某些规则的机械教条运用的一种突破，而形成的一种与现代高科技、与现代社会生活新思维方式相适应的现代逻辑思维。1965年，美国数学家查德在多值逻辑的基础上研究了模糊集合，由此发展了模糊逻辑。[1] 在这种模糊逻辑的思维中，人们可以把好、不好不坏、坏作为逻辑值；也可以把很好、好、不好不坏、坏、很坏作为逻辑值。这样，对那些复杂的、界限模糊的现象，特别是那些有人格矛盾的行为的逻辑判断，就可以不受传统逻辑规则（比如"非此即彼"的排中律）的思想束缚，而能够自由地作出实事求是的回答。我们应该承认，这是人在复杂现实中所显示的逻辑智慧。

多值逻辑或者模糊逻辑的产生和运用是由于人类文明水平不断提高

---

[1] 余源培等编著：《哲学辞典》，上海辞书出版社2009年版，第251页。

而形成的思想进步的一种表现。当我们面对一个高超的论敌时，千万不要以为自己有理就能够稳操胜券，因为人们总是千方百计地寻找对方论点中的不周到、不严密之处，用来作为维护自己观点的论据；同时，自己在辩论中如果稍不注意而出现逻辑漏洞，也会被对方抓住，作为攻击自己论点的根据。本来有理，却在官司中输了的例子，并不罕见。所以，在运用概念、进行推理、得出结论的过程中，保证概念和判断的准确性、论证的严密性，这对稳妥而恰当地维护自己的观点、巧妙而有力地攻击对方观点中的破绽具有重要价值。很显然，要实现这样的理论目标，需要充分运用逻辑思维中的哲学智慧。

# 第九讲
# 悖论的本质及其研究的思想价值

在关于逆向思维价值的研究中,有一个如何通过解决悖论从而增强我们的创造性思维能力的问题。悖论本身包含着人类智慧的未解要素,所以,悖论奥秘的破解是通向探索真理的辩证思维之路。但是,悖论是人类思想史上特别是哲学史上一个古老的问题,破解悖论的奥秘,需要发挥辩证法的哲学思维能力,同时,它也是逻辑学中的一个难题。

什么是悖论(Paradox)?有一个简单的说法是,所谓悖论,就是逻辑上自相矛盾的恒假命题。当然,悖论的内涵远远不止如此,从已有的研究文献中可以看出,悖论的定义和解决悖论的答案,几乎是不可胜数的。从语义学上看,"悖"意谓"混乱"和"相违"。英文"Paradox"原意为"令人难以置信",由古希腊文 Para 和 doxa 构成。Para 意为"在外",doxa 是"信念""相信"的意思。"悖论"的希腊文原意也有"无路可走"的含义,引申为"四处碰壁,无法解决的问题"。Paradox 也有一说来自希腊语 para+dokein,意为"多想一想"。总之,在古人看来,悖论是一种耗费人们心思的难解问题。[①]

在我国,比较早的关于悖论的表述,是见于《韩非子·说难》中的一个记载:楚国有个卖矛同时又卖盾的人,叫卖时他夸自己的盾:"我的盾坚不可摧,坚固到任何武器都刺不穿它。"夸完自己的盾他又夸自己的矛:"我的矛锐不可当,锐利到任何盾都能刺透。"他的叫卖引来了

---

[①] 参见王天思:《悖论问题的认识论研究》,上海人民出版社 2012 年版,第 4 页。

好奇的人，有人问他："那拿你的矛去刺你的盾，会是什么结果？"这个卖矛又卖盾的人陷入自相矛盾的尴尬状态，无言以对。这个关于"以子之矛，攻子之盾"的表述，是典型的逻辑悖论。

现代悖论的古代原型是最著名而且最古老的是说谎者悖论（Liar Paradox）：一个克里特岛人埃庇米尼得斯声称"所有克里特岛人都说谎"，他说的是真话还是假话呢？其中必定有一种情况为真，但如果真的所有克里特岛人包括埃庇米尼得斯都说谎话，那么无论认为他说的是真话还是假话都会导致矛盾。

比较著名的悖论，还有罗素悖论（Russell's Paradox）。罗素悖论的主要内容是：考虑所有不属于自身的类的类，如果问这个类属于它自身吗？回答"是"或"不是"都将导致矛盾。罗素由此断言：不存在这种类，但要证明这一结论却并非易事。此外，比较著名的悖论类型，还有逻辑悖论（Logical Paradoxes）、语义悖论（Semantic Paradoxes）、芝诺悖论（Zeno's Paradoxes）等。

由于基本观点不同，有的人把悖论理解为"似是而非，但隐藏着深刻的思想或哲理的假命题"；有的人则把悖论理解为"深刻的、似非而是的真命题"；还有的人把悖论看作"佯谬"，就是表达其看上去"错"其实是"对"的特点。悖论是一直困扰着哲学家、数学家、逻辑学家们的一个学术难题，被称为哲学和心灵的一个"迷宫"。悖论作为一种导致矛盾的命题，亚里士多德称为"难题"，中世纪哲学家称为"不可解命题"，哲学家则称为"二律背反"。

那么，究竟如何给悖论下定义呢？悖论，指这样一种境况：从一些被普遍接受为真的前提出发，通过有效的演绎论证导致有明显矛盾（Contradiction）或与别的被普遍接受的信念相冲突的结论。这种结果既令人困惑又使人不安。这是因为虽然为了保持一致性，人们显然必须作出某种修改，但他们却不知道应该放弃有依据的信念中的哪一个。

在《韦布斯特字典》中，关于悖论则是这样定义的："这是两个原则之间的矛盾,而这两个原则都被判定为真。"①

悖论对许多人来说,一方面具有吸引力,因为它能引起人们无穷的遐想;另一方面,悖论又往往使人产生困惑,因为如果认真去寻求它的答案,会不知不觉地陷入它制造的自相矛盾的思想困境之中。但是,在一般人看来的"思想困境",被那些杰出的哲人运用他们的高超智慧,开辟出了一片全新的思想天地。那么,破解悖论这个"思想困境"的高超智慧是什么呢?这就是人类哲学智慧结晶的辩证法。在这方面,伟大的哲学家们为此作出了历史性的理论贡献,在常人感到困惑的思想难题的探讨中,显示了他们的创造性思维才能。

欧布里德提出的一个著名论证叫"说谎者":"如果有一个人承认自己说谎,那么他是在说谎还是说真话呢?"② 如果他说的是真话,那么便与他的话的内容相矛盾,因为他承认他说谎。如果他承认说谎,那么他说的又是真话了。在这里,两个对立的方面,说谎与真话,是结合在一起的。这个悖论中包含了同时存在的一对矛盾:真话和说谎并存着,而且,二者可以互相代替——这个人如果承认"说谎",他就是在说"真话",反之亦然——如果让他说"真话",他就得承认是在"说谎"。

我们可以看到,在马克思、恩格斯的著作中,当他们在阐述辩证法的时候,十分重视要强调事物本身内在的矛盾,即事物本身不同方面的对立统一。在研究自然辩证法的札记中,恩格斯写道:"僵硬和固定的界线是和进化论不相容的——甚至脊椎动物和无脊椎动物之间的界线也不再是固定的了,鱼和两栖动物之间的界线也是一样。鸟和爬行动物之间的界线正日益消失。细颚龙和始祖鸟之间只缺少几个中间环节,而有牙齿的鸟喙在两半球都出现了。'非此即彼!'是越来越不够用了。在低等动物中,个体的概念简直不能严格地确定。不仅就这一动物是个体还是群体这一问题来说是如此,而且就进化过程中何时一个个体终止而另

---

① 王天思:《悖论问题的认识论研究》,上海人民出版社 2012 年版,第 5 页。
② 杨适:《古希腊哲学探本》,商务印书馆 2003 年版,第 347 页。

一个个体（'裸母虫体'）开始这一问题来说也是如此。"[①]

从这里可以看出，自然界是千变万化的，无限丰富的，一切事物都没有僵死不变的界限，不同的现象都存在着内在的统一性和同一性，整个世界的各个部分并不是非此即彼的，而是亦此亦彼的。反之，本来的世界，在旧的形而上学者思维中："是"就是"是"，"否"就是"否"。这样，在僵化的形而上学者的头脑中，悖论，就必然成为他们的困惑和苦恼。

相反地，在辩证法的思维中，悖论恰恰是世界奥妙的真实写照——甚至可以说，世界上万事万物的内外关系，本来就是一种悖论。大自然是这样，人生和社会的内外关系，又何尝不是如此呢？那些用形而上学思维方法看问题的人，他们总是"在不能相容的对立中思维着"。但是，实践证明，辩证法正是打开此类悖论奥秘的一把钥匙——在这些不能相容的对立物之间，我们看到了它们的一致性，看到了它们之间那条"由此到彼"和"由彼到此"的思想通道。辩证法开启了通向创造性思维的道路，这就是研究辩证法的哲学思维价值之所在。

---

[①] 《马克思恩格斯文集》第9卷，人民出版社2009年版，第471页。

# 第十讲
# 诡辩的本质以及戳穿诡辩的哲学思维价值

提起"诡辩",大多数人都把它作为一个贬义词来看,有些人甚至把诡辩看成是无理狡辩、胡搅蛮缠、颠倒黑白。但是,这些说法并不是诡辩的原意。英文中的"诡辩"(Sophism)一词,是从希腊文演化而来的,而在希腊文中,诡辩有"技巧""智慧"的意思,同时,诡辩与哲学在词源上有密切关系。所以,在古代的思想家那里,诡辩是与"哲学""技巧""智慧"等概念联系在一起的。因此,不能把诡辩简单地作为贬义词,它实际上是人的智慧的一种表现形式。诡辩的论辩形式实质上是一般形式逻辑的论证方式,加以形而上学的利用,变成了一种极端性思维方式。这种极端性的思维方式,就是诡辩的逻辑思维基础。

古希腊时代,出现了一批专门以传授知识和各种技能为业的人,他们擅长讲演和辩论,这对辩证法作出了贡献。但是,他们为了某种目的常常又歪曲辩证法,错误地运用逻辑方法,用似是而非的论据,宣扬他们的一些不符合实际的观点。这些人自称为"智者"。当时的哲学家柏拉图把他们称为"智术之士",也把他们叫做"诡辩术的专家",说他们是为了骗人而进行虚假论证。这样,诡辩的概念也就发生了性质上的变化。当时,以阿那克萨戈拉为代表的这个学派的学者自称为"智者",以博学者自居,炫耀自己能够使别人成为有智慧的人。黑格尔在评价这个学派逻辑思维方式的特点时指出:"理性在阿那克萨戈拉那里所发现并认为本质的概念,乃是简单的否定,一切特定性、一切存在和个别的

83

东西，都消逝到这个否定里……于是这自己发现自己的概念发现自己是绝对的力量，在这绝对的力量面前一切都归消逝；——一切事物，一切存在，一切被认为固定的东西，现在都成为流动不居的了。这个固定，不论它是存在物的固定性，或是一定概念、原则、习俗、法律的固定性，现在都陷于动摇，失掉它的稳固了。"[1] 这些论述有其可以肯定的辩证法思维方式的因素，通过认真研究能够获得有价值的思想。但是，由于这样的思维方式具有极端、绝对等形而上学性质，而使其走向了反面，成为哲学史上臭名昭著的诡辩学派。这样，"诡辩"逐渐变成了一个贬义词。

在近现代以来的哲学中，诡辩概念的含义和本质究竟是什么呢？为什么会产生诡辩这样的思想现象呢？黑格尔在分析智者的形而上学思维方式特点时，深刻地揭示了诡辩产生的原因及其本质特征。黑格尔认为："说到智者们与一般人的看法的关系，他们是既为健康常识所诋毁，也同样为道德所诋毁，因为：（一）他们的理论学说主张任何事物都不存在，这应当是一种胡说；（二）在实践方面，则把一切原则和法律都推翻了。首先不可仅仅根据运动的消极方面而停留在万物运动这一糊涂状态中，但是运动所过渡到的静止，亦不复是运动的事物恢复其固定状态，以致最后又出来了原来的东西，而运动只是白忙一顿。然而那既无思想修养又无学识的一般看法的诡辩，却正是这样一种诡辩，把运动的各种规定本身当作自在自为地存在的实体，把一大堆生活规条、经验规则、原则之类的东西当作绝对固定的真理。"[2] 在这个论证的基础上，黑格尔尖锐地指出："诡辩这个字是一个坏字眼。特别是由于反对苏格拉底和柏拉图的缘故，智者们弄得声名狼藉。诡辩这个词通常意味着以

---

[1] 〔德〕黑格尔著，贺麟、王太庆等译：《哲学史讲演录》第 2 卷，上海人民出版社 2013 年版，第 6 页。
[2] 〔德〕黑格尔著，贺麟、王太庆等译：《哲学史讲演录》第 2 卷，上海人民出版社 2013 年版，第 7 页。

任意的方式，凭借虚假的根据，或者将一个真的道理否定了，弄得动摇了，或者将一个虚假的道理弄得非常动听，好像真的一样。"[1] 黑格尔在这里对诡辩者的手法描绘得很生动，对它的实质也揭示得很深刻。

在中国，提起"诡辩"这个概念，人们自然就会想起著名的"白马非马"这个命题。这是我国古代学者公孙龙的一个命题，他的论证是："马者所以命形也，白者所以命色也，命色者非命形也，故曰白马非马。"这可以说是诡辩的思维特征。

为什么说"白马非马"是个诡辩论的命题呢？因为这个结论的得出，是运用了偷换概念的手法，马是指马的形体，而白马是指马的颜色，所以，马的颜色不等于马的形体。同时，也运用概念中一般与个别的差别，进而否定了一般包含在个别之中这个道理。很显然，个别的"白马"当然不等于一般的"马"，但是，一般的"马"不能孤立地存在，它必须通过"白马""红马"等个别的马表现出来。可见这两个论证方法，在形式逻辑上是可以说得过去的，但是，都表现出了思维方式绝对化的问题。可见，诡辩作为哲学思维的实质，是形而上学思维方式的一种表现形式。

有一种诡辩，是通过概念内涵混淆的逻辑错误而形成的，比如："凡是有意杀人者都当处死刑，刽子手是有意杀人者，所以，刽子手都当处死刑。"如果认真分析就能够看出，这是一种不能成立的诡辩。这里的逻辑错误是把一般的"有意杀人者"，与奉命执行任务的"有意杀人者刽子手"混为一谈了。显然，揭穿这样的诡辩，是需要下一番逻辑功夫的。

还有一种诡辩，实质上是玩弄逻辑变化的骗人思维方式，比如过去的算命先生，常常拿出一句话："父在母先亡"，其用途是你"要什么答案就有什么答案"，虽然可以满足你的愿望，但你明知受骗，却有口

---

[1] 〔德〕黑格尔著，贺麟、王太庆等译：《哲学史讲演录》第 2 卷，上海人民出版社 2013 年版，第 8 页。

难言。在这里，算命先生用对同一个句子因语法结构不同而可以作出不同结论这样的逻辑手法，造成理解上的无可无不可那种思维局面。

　　常言道，事实胜于雄辩。诡辩论者无论运用什么样的手段，他们得出的结论总是不符合客观实际的。所以，戳穿诡辩论最有效的办法，还是"摆事实，讲道理"，因为不管是怎样"高明"的诡辩，在事实面前总是要现原形的。辩证法与唯物主义正是在这里统一起来的，即真正的辩证法是彻底的唯物主义，彻底的唯物主义是真正的辩证法。

# 第四篇

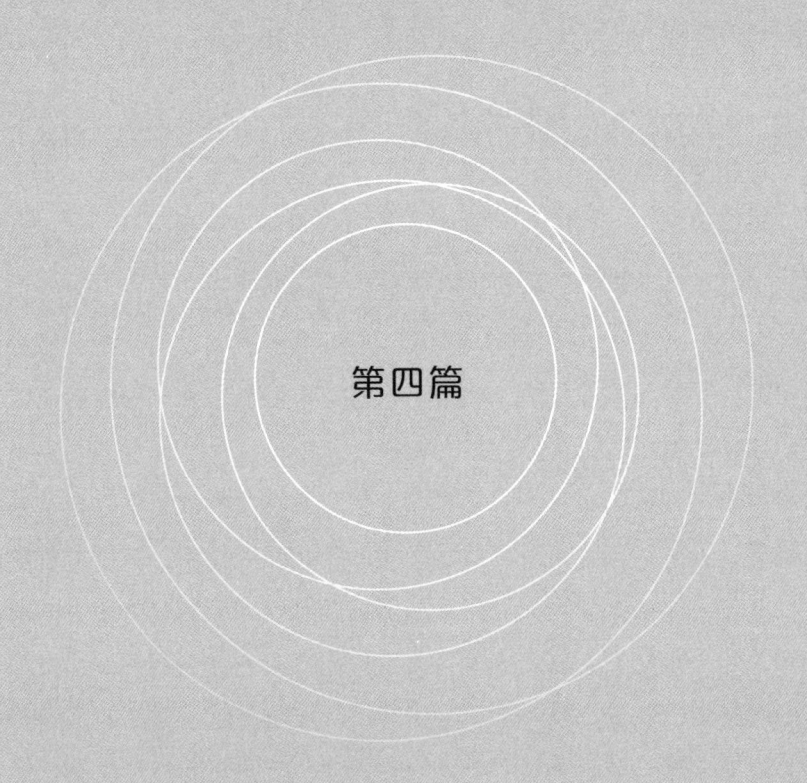

# 意志自由性思维的哲学研究价值

　　在哲学思维的实际过程中，客观理性思维居于重要地位，它是哲学思维的本质表现形式，没有客观理性思维就谈不上什么哲学思维。但是，人类的思维活动是复杂多样的，并不是单纯的思维形式，也并不是哪一种思维形式在单独起作用。所以，客观理性思维十分重要，但它并不是唯一的起决定性作用的思维方式。在哲学思维的研究过程中，我们会看到，与客观理性思维共同起作用的，还有逻辑思维、意志自由性思维以及实际上是客观理性思维形式、逻辑思维形式、意志自由性思维形式相结合的综合思维形式，由此形成了人类哲学思维的总体结构。现代社会学术理论研究的实践证明，意志自由性思维具有重要的哲学研究价值。

# 第十一讲
# 想象与悟性

由于现代社会生活的多变和极端的复杂性，常常会出现一些令人捉摸不定的现象，这就必然给人的认识造成许多意想不到的困难，特别是在洞察那些似乎是高深莫测的社会现象时，就需要更高水平的哲学思维能力。人们会发现，在这样的场合中，作为哲学思维方式的想象是有特殊认识论价值的。所以，对作为哲学思维方式想象的本质及其特殊认识价值需要认真研究。

想象是一种心理学上的概念，它是指在知觉材料的基础上，经过新的配合而创造出新形象的过程；或者说，想象是指想出不在眼前的事物的具体形象，比如设想。想象是人们头脑中原有的表象经过加工改造和重新组合而产生新的形象的心理过程，是一种高级复杂的认知活动。形象性和新颖性是想象性思维的基本特点，它主要处理现象性信息，以直观的方式呈现在人们的头脑中，而不是以词语、符号以及概念等方式呈现。从目的性来看：想象有随意想象和不随意想象。从内容新颖度看：有再造想象和创造想象。从想象和现实之间的关系看：想象思维方式的结果，诸如幻想、理想、冥想、空想等特殊形式的本质和价值，也是想象的重要思维形式。

作为一种思维形式，人的想象往往具有超现实的，甚至是非现实的、虚拟的性质。但是，哲学思维的本质决定人的想象并不是凭空产生的，而是在广泛的感知、丰富的经验、渊博的知识的基础上产生的。这就是说，可见的丰富的知识是想象的客观根据。没有现实知识基础、毫无科学根据、漫无边际的想象只能是毫无意义的空想。但是，人们的想象确实不同程度地脱离了现实生活，比如某些想象的东西虽然从总体上说可能十分荒诞，是现实世界中没有也不可能有的，但构成这个整体的材料却总是来源于客观现实的，所以，人的想象归根到底是对客观现实的反映形式。

从想象的思维本质这个角度，我们再研究一下想象力概念的实质和内涵。所谓想象力，指的就是人们所具有的想象的能力。如果要给想象力下定义，那就是，想象力指在知觉材料的基础上，经过新的配合而创造出新形象的思维能力。

一个有创造性的人，不喜受习俗的限制和约束；他是一个有节制的不顺从者，有很强的个人独立性。可是，他的不顺从性和不随俗性是限制在他的创造性能力的领域之内的；他实际上既不是一个顺从者，也不是一个不顺从者，而是一个独立的人。我们说他是一个独立的人，指的是他并不特别关心别人想什么和说什么，他并不专心注意别人对他的印象怎样，他是相当自由自在的，这样，就能够充分发挥个人的丰富想象力。在人们的常识中，有发明创造的科学家，想象力一定很强。比如爱迪生有丰富的想象，所以，他有很多发明创造。《西游记》的许多故事也充满了作者的丰富想象。这就是说，想象力具有思想的超前性、深远性，因而能够给人们开拓出新的思考空间，显示出人的创造性思维能力。

对现代政治家来说，具有丰富的想象标志着他们有很强的创造性工作能力和思想能力。那些有卓越贡献的大企业家往往是具有超常想象力的人物，他们不同寻常的业绩，就反映出了这样的状况。

人的想象的水平是以他的知识和经验为基础的，也就是说，知识贫乏、没有基本人生经验的人，他们不可能具有丰富的想象能力。但是，知识和经验又不能说明想象力的高低，甚至在一定的意义上说，想象力比知识和经验更重要。固然，没有知识基础，毫无科学根据，漫无边际的想象只能是毫无意义的空想。但是，知识和想象又不是一回事，知识只是激发想象的前提，有的人虽然知识很多，但思想僵化，见解和观念陈旧，不能充分利用已有的知识展开自己想象的翅膀，结果却变成了知识的奴隶。发明家爱迪生，没有念过多少书，知识是靠自学得来的，但他能充分利用自己占有的知识进行创造性的想象，有丰富的想象力，因而能够通过思维把想象变成创造发明的能力。他一生的创造和发明达2000多项，而与他同时代的很多知识不亚于他的学者，却一生默默无闻。拥有知识很重要，但人们不能被已有的东西或知识所束缚，而是要立足于已有的知识，大胆幻想，充分发挥自己的想象能力，提出新颖独到的新见解来，这是更加重要的事情。

想象是一种非凡的创意，是一种异想天开的创造性思维活动，是一种带着几分天真的幻想和梦想，是一种随时都能够激发出的激情。由于世界在经济、政治、文化等领域的深刻变革，我们遇到了许多前所未有的难题；但正是由于社会的空前变化，也给我们带来了无限的选择机会。困境与机遇同在，这就要求我们发挥自己的想象力，充分运用机会，最大限度地展示我们的聪明才智，把我们的工作提高到一个新的水平上去。

如果进行认真分析就会发现，一个人有没有想象力，反映的是文化上的差异。这就是说，想象力的有无、多少，取决于文化修养的基本状况。所以，培养想象思维素质，增强想象力，一个根本途径是加强自己的文化修养。这是提高政治素养，从而提高政治水平的根本出路之一。所谓加强文化修养，自然是要使自己的知识更加丰富起来。

许多事实都说明，在必要的客观条件具备了的情况下，一个想象力很丰富的人，他是可能创造出人间奇迹的。想象力在文艺创作中的重要价值是如此，在社会科学研究中也应该是如此，所以，真正的哲学家应该是那种具有丰富的想象并且想象力很强的人。

从根本上说，想象与幽默有一个共同之处，即它们都是一种高超的语言艺术，它表现出的是高超的思维能力，因此而形成了一种高超的创造能力。在这方面，诗人的想象是值得我们效法的。比如在郭沫若的诗中，他把遥远的银河比喻为"天上的街市"，想象是何等丰富！当然，我们不可能都成为诗人，但是，学习诗人的思维特点，扩大自己的想象空间，增加自己思考问题的不同角度，自觉培养自己的想象力，则是很有益处的事情。

科学技术作为第一生产力，在现代社会中得到了更加充分的展示。我们已经看到，在当前世界各国中，高科技发展的力量，在经济、政治、文化等领域正引起革命性变化。比如高科技发展对政治意识形态所产生的革命影响，是它本身所造成的社会政治、行政权力结构革命性变革的反映。由于信息技术水平的日益提高，知识的价值在权力结构中比重的加大，通信技术的广泛应用，政治权力对社会、国家、政府权力的垄断性控制局面将被打破。社会权力结构的这种深刻变化，必将引起政治意识形态的革命性变革。如果没有很强的思维能力，特别是丰富的想象力，在这样的社会变革面前，我们将会陷入被动甚至尴尬的局面。

什么是悟性？关于这个问题的回答，可谓众说纷纭。有人说，悟性类似于直觉，是一种非理性认识能力，比如佛家说的顿悟，就是如此。有人说，悟性类似于想象、联想等，是一种形象思维形式。有人说，悟性就是人的一种灵感。对悟性的这些描述，说明悟性是一种比较直接、快捷的认识方式。但应该指出的是，悟性与灵感、直觉等认识反映方式在本质上是有区别的。

那么，作为哲学思维方式的悟性，其本质特征是什么？通常认为，通过悟性的方式对人和物的本性的认识，是在自身的体验的同时对客观对象的洞察，是主观与客观融为一体的整体体验中的一种全面理解，即人们常说的"大彻大悟"。这里的"彻"和"悟"，既包括了对自身的真切理解，也包括对客观对象的直接认识，同时也是在自身与客体之间的关系上对自身与客体的全面、具体认识。因此，所谓"大彻大悟"是说一个人对世界上的事情什么都明白了。从实际的认识反映过程来看，悟性是要求人们尽心尽力地、用自己整个身心去体验、去感受、去认识，从而在对主体自我与客观外界事物的统一中，达到一种新的认识水平和精神境界。

在充分认识悟性作为一种特殊思维形式的本质特征时，关键的问题是究竟应该如何理解"悟"的实质，正是因为人们对此有各种各样的理解，所以才出现了上述的各种观念。联系到"悟"，人们常用的概念有"顿悟""觉悟""体悟""执迷不悟"等。其实，这个"悟"是一个比较复杂的认识过程。我们说某个人悟性强，理解问题很快、很敏捷，从根本上说，是指他能够比较迅速、准确地把握事物的实质。如果一个人想要将悟性变强，他必须要有长期的知识积累、经验积累、人生阅历的积累，才能提高快捷的认识能力。人们在谈论佛学知识的时候，常常说到"顿悟"这样的概念，实际上，并不是所有人都能达到"顿悟"这样的精神境界。

对一般人来说，悟性的思维结果，可以说是一种"突然"的发现，但是，这种"突然"的发现，必须是长时间潜心艰苦思考的结果。把人的悟性说成是一种非理性的思维方式，是不全面的。因为在悟性中，人的理性认识因素和非理性认识因素是结合在一起的、相辅相成的。这就是说，一个人具有比较强的悟性，并不是某一种认识因素单纯在起作用，而是各种主要认识因素综合起作用的结果。可见，人的悟性在本质上是一种综合性的认识能力。在这其中，理性认识因素是人的悟性的基础。但是，在人的悟性认识过程中，直觉、想象甚至幻想等非理性认识因素也是极为重要的，而且，看一个人悟性的强弱，关键是看这些非理性认识因素起作用的程度如何。比如一个逻辑思维能力比较强的人，他的想象力却比较差，那么，可以肯定他的悟性也是比较差的。

有一种观点认为，悟性是一种非逻辑思维，它并不遵循一般的思维程序，甚至可以说是一种跳跃式的思维方式。这样的说法对不对呢？应该说有一定的道理。在一般的情况下，悟性，或者说感悟能力，的确具有这样的特点，它并不严格地遵守思维的逻辑程序，因为，它其中有诸如直觉、想象等非理性认识因素起作用。但是，我们必须知道的是，作为一种认识方法，悟性是一种比较强的理解能力，能够使人达到比较高的认识水平。这是因为，从认识论的角度来看，悟性是人的一种很强烈的认识过程，其认识的结果必然具有比较强的深刻性。一个人悟性强，说明他必然具有比较强的理解能力、比较高的认识水平。所以，我们不能认为悟性是一种单纯的非逻辑思维形式，它归根到底体现的是基本的思维逻辑原则，而这恰恰是理性认识的一个本质特征。

# 第十二讲
# 直觉与灵感

许多人都曾有过这样的体验：当我们与一个陌生人初次接触，靠近观察他的举止言行，并且和他进行直接交谈之后，能够很快得出对这个人的一种印象——这是个心地善良的好人。在以后的交往中，这个初次形成的印象还能够一再被证实。有人把这叫做"第一印象"或"第一感觉"，其实，这是人在认识实践中经常出现的现象，就其认识的形式来说可以叫做感觉。作为认识的结果的这个感觉形式，具有明显的直接性，所以，在哲学思维中一般被称为"直觉"（Intuition）。这反映了直觉的特殊认识功能。在人的认识过程中，与其他一些认识形式相比较，直觉为什么会具有这样的特殊功能呢？通过深入研究我们会越来越深刻地认识到，这是由直觉这种特殊哲学思维方式的本质和价值决定的。

什么是直觉呢？有的人认为，直觉是一种非推理的或者直接的知识形式。还有的人认为，直觉是指没有经过严格的逻辑推理和演绎过程而直接获得知识的认识能力，并且指出，直觉是人的一种创造性的心理活动和认识能力。

人的思维的最终目标是获得对人的本性或者对事物的本质的真理性认识，而且一般来说，是要靠哲学上所说的理性思维，即逻辑思维，通过形成概念、进行判断和推理等过程，从现象到本质，一步一步达到的。但是，直觉这种认识形式与此却截然不同，它没有这样复杂的认识过程，它简单、直接，而且能够马上得出认识结论。这是直觉思维的特点，也是它的一个优点。由于直觉思维方式的这个特点，哲学家们把它与理性思维相区别，称为非理性思维。

究竟应该如何认识直觉思维方式的本质特征呢？有一种观点认为，直觉一词来自拉丁文"intueri"，原意是"凝视""观看"。在哲学中，直觉是指认识主体对客观世界复杂现象中真相、本质、规律的直接察觉、把握、顿悟的能力。这就是说，直觉在认识过程中有明显的感性认识特征，但是，它又是认识事物的本质、规律的特殊认识形式。爱因斯坦曾经说过，人类的认识使命是要得到那些普遍的基本定律，而通向这些定律并没有逻辑的道路，只能通过那种以经验共鸣的理解为依据的直觉，才能得到这些定律。可见，在天才的发现中，直觉这样的认识方式并不是可有可无的。

其实，直觉本身并没有什么神秘的性质，它本来就是人所具有的一种思维形式。但是，作为一种非理性的思维形式，直觉的确与一般的理性思维形式有明显的区别。人们运用理性思维形式去认识客观事物或者人，需要通过抽象思维过程，对信息进行分析、选择，作出概括，形成概念，再经过判断、推理，最后得出结论。这就是说，直觉可以不受逻辑规则和原则的限制，通过直接的观察、个人的内在认知、敏锐的感觉对事物的本质或者人的本性迅速作出个人的独立判断。

这就是直觉与一般的理性思维形式之间的区别。那么，这个区别的实质是什么呢？这就是直觉不受逻辑思维规则束缚，在认识过程中有着更大的自由度。也就是说，直觉是一种高度自由的思维形式，而思维的自由是思维具有创造性的根本条件。所以，人的直觉在本质上是一种创造性思维形式。

直觉是人们在变幻莫测的环境中、在对实际情况的直接体察中，能够迅速作出判断的一种综合思维能力。这就是说，直觉并不神秘，是普通人都能够获得的，但是，它的形成也必须具有一定的条件。行为敏捷、反应灵活、思考深刻、看问题尖锐，这些优秀的素质又必须以丰富的经验、渊博的知识和足够的人生阅历作为基础，这样人们才能在关键

第四篇 意志自由性思维的哲学研究价值

时刻显示出惊人的直觉思维能力。

在意志自由性思维的研究中，有的学者把直觉与灵感这两种思维方式联系在一起，认为它们之间有共同的认识特点。什么是灵感、灵感的思维方式特点如何认识、灵感的特殊认识论价值是什么，需要认真研究。

因为灵感的内涵比较复杂，所以很难作出准确的界定。按照字面的解释看，灵感就是灵机一动的感觉。但是，作为一种认识过程，灵感又不是那么简单，它不仅有感性认识因素，还有从感性认识上升到理性认识的因素，有由非理性的认识方式向理性认识方式过渡的过程。然而，这样的认识过渡往往表现为跳跃式的、突发式的状态。这就是说，灵感这样的思维方式具有敏捷、快速反应的特点，因此，它能够在一刹那的闪念中显示出惊人的洞察力，敏锐地透过现象认清本质，产生意想不到的伟大科学发现。

这样说来，灵感岂不是一种神秘的认识现象吗？如果认真研究一下那些大科学家、大思想家的科学研究历程，就会明白，灵感的得来并不是一个不可想象的神秘过程，而是一种艰苦的创造性劳动的产物，是长期以来从事研究、积累、思考工作过程的一种思想升华。许多人都看见过苹果落地的现象，为什么只有牛顿才产生了灵感而有了伟大发现呢？这是因为他刻苦好学、知识渊博，一直在不断地思考这个问题，于是，偶然的苹果落地才能引发他的灵感发现。这个思维现象本身也证明了另一个科学道理，这就是许多人的灵感发现有一个明显的特征，他们对自己研究的问题非常专注，注意力高度集中，甚至达到了如痴如醉状态。在这样极为专一又极为兴奋的精神状态中，一旦有了某种相关的诱导因素出现，就会马上引发他们的创造性灵感。

对于灵感的创造性思维特征，有的学者提出了一种被称为"啊哈"效应（Aha Effect）的假设。尽管就人如何通过灵感发现解决问题的方法已经有了各种论述，但是，人们对于灵感的本质却不甚了了。德国学者萨斯查·托波林斯基和挪威学者罗尔夫·雷伯的研究指出，灵感一来，大脑中突然闪现出一个解决问题的方法——这就是著名的"啊哈"效应，也是人们在解决问题时常有的一种特殊认知经历。根据有关灵感的各种文献资料，可以列出以下四个主要特征。（1）突然性：这种经历是突然出现的，且稍纵即逝；（2）轻松：与以往遭遇障碍的经历相比，这种解决问题的过程非常轻松顺利；（3）积极效应：灵感能够产生积极效应；（4）自我感觉良好：在灵感闪现后，当事人认为这种解决问题的方法是可行的，并对之深信不疑，即使是在作出可行性评估之前。①

研究结果表明，经历的即时性能够引发良好感觉。此外，当信息处理过程很顺利时，人就会感受到一种积极效应，并认为这种信息是真实可靠的，尤其是在这种轻松处理信息的过程是突如其来时。研究还指出，如果将这些研究结果综合在一起，一种假设就油然而生，即灵感是尝试解决问题期间或之后的一种经历。在这个过程中，有关问题的内容会突然在大脑中闪现，并提供一种快感、相信解决方法是可行的认知和相信这种判断的自信。

灵感的这种特殊认识功能，对人们培养创造性思维方式，是有启发意义的。

不过，为什么许多人也亲身参与实践，却不见他们有什么灵感和创见呢？这是因为，他们的心思没有集中在工作上，或者进一步说，新鲜事物引不起他们的兴趣，他们没有什么特殊的精神追求，所以，这些人的灵感也就无从谈起了。

这里的关键何在呢？简言之，曰"热爱"。事实证明，一个人如果对事业没有热爱的感情，就不会有浓厚的兴趣，而没有兴趣，就不可能对事业全神贯注，当然，也就不可能引发灵感。如果想培养自己的灵

---

① 参见汪仲华：《向哲人致敬：谈规矩方圆》，上海人民出版社2021年版，第261页。

感、使自己的思维方式具有独创性，那就让自己热爱所从事的事业吧。热爱，本质上是人对事业的一种热情的向往，这样的强烈向往必然会使人充满激情、对机遇极为敏感，从而引发强烈的创造性智慧之思。事实证明，这就是灵感所以形成的奥秘。

# 第十三讲
# 非确定性思维、非线性思维

我们所生活的大自然作为整个宇宙的一部分，科学家们对它进行了无数艰苦的探索、研究，他们所提出的许多观点、学说对我们认识大自然、认识这个无限的宇宙，无疑具有深刻启发。我们所生活的人类社会，我们不能说不了解，社会科学家们已经提出了关于社会发展的各种发展规律，预测了社会进步的前景，这对我们认识社会的本质肯定是有促进的。但是，必须承认一个基本事实，社会发展过程中的许多重大问题，我们仍然无法完全说清楚。那么，产生这些问题的客观原因是什么呢？如果用哲学思维的语言来说，那就是因为在宇宙运行、自然界发展、社会变化过程中，仍然存在着许多我们无法认识其本质的非确定性因素。这就是现实生活中的辩证法。就这个方面来说，研究发展中的非确定性问题，特别是由此而形成的非确定性思维，具有特殊的哲学价值。

列宁在纪念俄国19世纪民主主义革命家赫尔岑的文章中指出："在19世纪40年代的俄国达到了当时最伟大的思想家的水平；他领会了黑格尔的辩证法，懂得辩证法是'革命的代数学'；他超越了黑格尔，跟着费尔巴哈走向唯物主义；他已经走到了辩证唯物主义跟前，但在历史唯物主义面前却停止了。"[1]。很显然，列宁肯定了赫尔岑的思想水平，并且肯定了他关于辩证法是"革命的代数学"这个见解，这说明赫尔岑

---

[1] 《列宁选集》第2卷，人民出版社2012年版，第12—13页。

对黑格尔的辩证法有很深刻的理解。那么，究竟应该如何来认识赫尔岑说的辩证法是"革命的代数学"这个命题呢？从这里又如何进一步认识社会发展过程中的非确定性本质特征呢？看来，我们还是要从代数学的性质和作用这个问题说起。

代数学，是数学的一个分支，它与作为初级数学的算术不同。算术是运用整数和分数的四则运算，用来解决日常生活中一些计算问题；与算术不同，代数用抽象符号，即字母（如 a、b、c，或者 x、y、z 等）来代表实数，并且引进了未知数，根据问题的条件，列出方程式，然后解方程求未知数的值。代数与算术的一个根本区别是算术的四则运算，由于数值是确定的，所以，运算的结果也是确定的；而代数则不同，它在解方程的过程中，由于给定的条件不同，所求出的未知数的值就会有变化，即代数学所说的变量（或者说变数），这就使代数运算必然出现非确定性的结果。

当然，现代代数学的发展日益复杂，产生了许多分支学科，我们这里谈的仅仅是代数学的最一般理论，目的是说明代数学为什么会成为社会发展中非确定性的一种反映形式？为什么说反映客观事物发展的辩证法是"革命的代数学"？为此，我们对代数学的基本特征再做一点专门研究。

从数学家长期以来的理论研究中，我们会更加明确地认识到，代数学的突出特点是它通过求解方程式而得到的值，因为设定条件的变化而成为一种变量或者说变数。这就是说，代数运算的结果与算术不同的是，有不确定性。这里的关键，是代数学中引进了变数，而这是数学的一个转折点。这个转折点说明了整个数学的本质功能，由于引进了变数，代数学就更加明显地反映出它与辩证法思维方式相一致的本质关系，这就是说，代数学在反映客观世界的过程中，具有了辩证法的价值。恩格斯指出："辩证法被看做关于一切运动的最普遍的规律的科学。这就是说，辩证法的规律无论对自然界中和人类历史中的运动，还是对思维的运动，都必定是同样适用的。"① 在这里，恩格斯正是在深入地阐明代数学与辩证法同样地都在反映客观世界的一些本质特征，诸如在宇宙、自然界和社会生活中的那些非确定性表现形式。

谈到这里，我们可以认识得更清楚了，代数学之所以与辩证法有着这样相一致的本质联系，就是因为代数学中引进了变数，即变量。代数学中的这个变数或者变量，实质上就是客观世界中的物质运动，即事物内部变化的表现形式，这恰恰就是客观辩证法的主观反映。我们已经知道，辩证法所反映的正是事物自己的运动，事物的不断变化，即事物自身的永恒发展。事物的这种无限的运动、发展，就在人的认识中形成了一种不确定性。这一点，在代数学的运算中得到了生动的表现。

我们生活在大自然中，人们周围的自然环境充满了不确定性，我们必须充分认识和学会把握这样的不确定性。这就是自然界的辩证法，也是自然界的代数学。我们的智慧水平，常常需要通过对这样的"代数学"——不确定性的认识而得到不断的提高。

自然辩证法不承认事物或者人对事物的认识中有所谓明确的或者是严格的界线。对此，恩格斯这样说过，随着进化论的产生，一些动物品种之间的界线，正在消失，这就是说，"严格的界线是和进化论不相容的……一切差异都在中间阶段融合，一切对立都经过中间环节而互相转移，对自然观的这样的发展阶段来说，旧的形而上学的思维方法不再够用了。辩证的思维方法同样不知道什么严格的界线，不知道什么普遍绝对有效的'非此即彼！'，它使固定的形而上学的差异互相转移，除了'非此即彼！'，又在恰当的地方承认'亦此亦彼！'，并使对立通过中介相联系；这样的辩证思维方法是唯一在最高程度上适合于自然观的这一发展阶段的思维方法"②。

对社会生活的认识必须运用这样的辩证的思维方法，我们的体会也

---

① 《马克思恩格斯文集》第 9 卷，人民出版社 2009 年版，第 539 页。
② 《马克思恩格斯选集》第 4 卷，人民出版社 1995 年版，第 318 页。

越来越深刻了。在当代中国社会,我们正在进行着的社会主义改革事业更加变化多端。由于利益博弈,必然会出现各种各样的变量,从而使市场经济内部、外部都充满了诸多的非确定性。同时,我们必须相应地进行社会主义民主政治建设,但必须更加充分认识到,由于权力与权力的博弈、权力与权利的博弈,也必然会使社会政治生活充满各种各样的不确定性。这就是社会主义改革的辩证法,也就是社会主义改革的代数学。掌握了这个辩证法,学会了这个代数学,我们就会改变被动局面,把握主动权。

在我们这个时代,与价值观变革相应的思维方式的改造,即改变那些陈旧的思维方式,以马克思主义哲学的唯物主义辩证法来培养新的思维方式,已经是一个迫切的思想任务了。其中,研究近代科学发展的革命成果,从中汲取思想营养,是一个重要途径。但是,首要的任务,还应当是深入认识当前社会的历史特点,从中不断提高我们的思想水平。历史的发展不可能是一条笔直的道路,由于各种各样的原因,必然充满了矛盾,从而形成一条曲折的道路。在这方面,以辩证法的非线性思维取代形而上学的传统线性思维,实践证明,这是解决实践中新矛盾的有价值的哲学思想方法论。

人类从线性思维转变为非线性思维,这首先是自然科学革命性发展、同时也是社会科学发展的一个伟大思想成果。德国学者克劳斯·迈因策尔在对计算机技术、神经生物学、激光物理学、精神哲学等方面科学成就的研究深刻地指出了人类思维方式的这个历史性变革:"在自然科学中,从激光物理学、量子混沌和气象学直到化学中的分子建模和生物学中对细胞生长的计算机辅助模拟,非线性复杂系统已经成为一种成功的求解问题方式。另一方面,社会科学也认识到,人类面临的主要问题也是全球性的、复杂的和非线性的。生态、经济或政治系统中的局部性变化,都可能引起一场全球性危机。线性的思维方式以及把整体仅仅看作其部分之和的观点,显然已经过时了。认为甚至我们的意识也受复杂系统非线性动力学所支配这种思想，已成为当代科学和公众兴趣中最激动人心的课题之一。如果这个计算神经科学的命题是正确的，那么我们的确就获得了一种强有力的数学策略，使我们得以处理自然科学、社会科学和人文学科的跨学科问题。"[1]

大量的事实证明，由量变转变为质变，再由质变而转变为量变，然后再由量变转变为质变，如此循环往复，形成了大自然界、人类社会与人的思维本身发展中一条复杂多变的历程，这就是辩证法所揭示的非线性运动，也就是一般所谓科学发展的非线性思维。很显然，非线性思维是对人类长期以来思维定式的一个重要突破，这是哲学思维发展中具有重大意义的历史创造。

如果按照常识性的思考，人们对许多问题的解决，本来可以是轻而易举的——有什么原因，就会有什么结果；整体就是部分的总和；任何事情都有一定之规；人类社会的发展只能是越来越好而不可能出现什么意外情况。如果天下事都是按照不变的规律运行的，一切都是必然的，只要知道事情的开始，就能够准确地预测到事情的结局，即所谓的"拉普拉斯决定论"。在这样的形而上学思维方式框架里就形成了一种简单化的思维方式，即所谓线性思维，或者称之为直线性思维。实践证明，这样的线性思维或者直线性思维不可能成为客观世界中现实运动的正确反映。

长期以来，人类的思维方式一直停留在机械、简单的形而上学的阶段上，当然，这样的思维方式产生了消极影响。造成这种思想局面的一个重要因素是经典物理学理论的影响使人类社会变成了一个机械论的时代，而这个机械论时代一个特殊的精神产物，就是线性思维这种形而上学的思维方式。在18至19世纪的欧洲，机械论充斥学术界，"人是机器"是一种具有代表性的理论观点。在霍布斯看来，国家就是一台巨大

---

[1] 〔德〕克劳斯·迈因策尔著，曾国屏译：《复杂性中的思维：物质、精神和人类的复杂动力学》，中央编译出版社1999年版，第1页。

的机器——"利维坦",个人则是这个机器上的齿轮;拉美特利则认为,人的灵魂只不过是自动机器齿轮的传动装置;亚当·斯密在解释市场经济机制之秘密的时候,借用的是那种"看不见"的力量——牛顿的"万有引力"。

应该说,在通常的情况下,运用这样的思考问题方法具有一定道理。但实际上,在千变万化的现实生活中,事情的发展状态都十分复杂,充满了曲折性,其结局甚至扑朔迷离。这样,人们就不能不对那种线性的思维方式提出质疑了。我们已经看到,正是在这样的质疑即不断地探索中,一种新的思维方式——非线性思维形成了。这是人类思维方式发展中的一个重要进步,而人的思维水平和能力的提高这个革命性的变化,其伟大的动力乃是来自科学发展。

在谈到科学发展的伟大作用时,人们总要提到"哥白尼革命"这个概念,其实,爱因斯坦的相对论在20世纪的科学发展中,对思维方式变革来说同样具有"哥白尼革命"的意义。

我们知道,作为经典物理学基础的经典力学曾经在一个相当长的时期内统治过科学学术界,具有不可磨灭的历史意义。但是,随着科学的不断发展,特别是人类认识能力的提高,越来越显示出了它的局限性。一个突出的问题是它的基本原理不适用于高速运动的物体和微观领域。20世纪出现的相对论和量子力学则分别解决了物理学中的这两大问题。这其中,爱因斯坦的相对论提出了"时间和空间的相对性""四维空间""弯曲空间"等全新概念,从而颠覆了人类对宇宙和自然的一些"常识性"观念。应该说,相对论以及量子力学的伟大意义不仅仅在科学研究本身,更重要的是带来了人类思维方式的深刻变革。一个比较具体的表现,就是以非线性思维取代了线性思维,很显然,这是人类的思维方式包括在哲学认识论领域中的革命性变革。

这里,我们以马克思主义哲学为指导,认真考察、分析不断发展的现代社会生活,对这个问题做进一步的研究。

如许多大科学家说过的，现代科学是深深地植根于辩证唯物主义哲学的思想土壤之中的，因此不断地增强了科学思维的思辨能力。同时也必须看到，现代科学的发展又把现代哲学推向了更高历史水平，不断地使人类的思维方式产生革命性的变化。以非线性思维取代线性思维是一个突出的范例。

近代以来的科学研究，特别是在对天体、宇宙、自然现象的研究中，科学家们越来越深刻地认识到，天体、恒星、行星之间的因果关系是极为复杂的，它们的相互作用、相互影响可以导致一种非线性的混沌轨迹，或者说，这样的轨迹既不是完全规则的，也不是完全无规则的，它们的运行结果极其敏感地依赖于起始条件的选择，选择中的任何一种无意识举措，其后果都可能是不堪设想的。这就是著名的"蝴蝶效应"(The Butterfly Effect)。

所谓"蝴蝶效应"，是美国气象学家洛伦兹在20世纪70年代提出的，他在解释空气系统理论时说，亚马孙雨林里一只蝴蝶翅膀的偶尔振动，也许两周后会引起美国得克萨斯州的一场龙卷风。这个"蝴蝶效应"的意思是说，事情开始时的一个微小变化，在一定条件下经过不断地放大，可能会造成意想不到的巨大后果。这可以说是对非线性思维实质和内涵的一种绝妙解释。

通过对"蝴蝶效应"内容的反思，我们可以对非线性思维的哲学本意有进一步的认识，这就是我们应该怎样理解唯物主义反映论的本质内容，也就是我们在自己对客观世界认识的过程中，究竟应该如何实事求是地看待思维与存在的关系问题，即概念世界与客观现实世界的关系问题。必须承认的一个事实是，在我们的实际生活中，由于思维方式的简单化，形成了许多人简单化的线性思维，或者说，是直线性的思维方式。这样的思维方式就是我们经常批判的机械唯物主义的反映论——思维与存在、主观与客观、概念与现实的形而上学的一致性。

在这个问题上，恩格斯晚年的一个观点，会给予我们以深刻的哲学启发。他在一封信中写道:"一个事物的概念和它的现实,就像两条渐近线一样,一齐向前延伸,彼此不断接近,但是永远不会相交。两者的这种差别正好是这样一种差别,由于这种差别,概念并不无条件地直接就是现实,而现实也不直接就是它自己的概念。由于概念有概念的基本特性,就是说,它不是直接地、明显地符合于使它得以抽象出来的现实,因此,毕竟不能把它和虚构相提并论,除非您因为现实同一切思维成果的符合仅仅是非常间接的,而且也只是渐近线似地接近,就说这些思维成果都是虚构。"①

从根本上说,概念归根到底是客观事物的反映,但作为对客观事物的一种反映形式,它又不可能与它所反映的客观事物完全相同。人的概念对客观事物的反映并非是一条简单的直线,而是一条思维的曲线——非线性思维,因此,就形成了概念与其所反映的客观事物之间的差异。正是在非线性思维所形成的这个差异中隐藏着人的创造性。举例来说,人类的各种艺术作品,绘画、音乐、雕塑等,是对现实事物的一种反映形式,但是,它们却能够给予人们一种不同于现实事物本身的特殊的美的享受。奥妙何在?这是因为人在形成这些艺术作品的时候,并不是对客观事物简单的、直线的反映,而是通过非线性思维对现实生活进行了再创造。

为了进一步说明非线性思维产生的客观必然性,恩格斯还用企业的利润率和一般经济规律之间的关系来阐述这个道理。他写道:"如果一般利润率某个时候在两个企业中分毫不差地实现了,如果这两个企业在某一年内获得完全相同的利润率,那么这是纯粹的偶然性,实际上,利润率是根据各个企业、各个年度的各种不同情况而变化的,一般利润率只是作为许多企业和许多年度的平均数而存在。但是,如果我们想要求利润率(比如说是 14.876934……)在每一个企业和每一个年度直到第

---

① 《马克思恩格斯选集》第 4 卷,人民出版社 2012 年版,第 666 页。

一百位小数都完全一样，不然就把它贬为虚构，那我们就严重地误解了利润率和一般经济规律的本质。它们全都没有任何其他的现实性，而只是一种近似值，一种趋势，一种平均数，但不是直接的现实。其所以如此，部分地是由于它们所起的作用被其他规律同时起的作用打乱了，而部分地也是由于它们作为概念的特性。"① 他还指出，工资规律与劳动力价值的实现之间的实际关系，也是如此。

从恩格斯的说明以及人们接触的事实或者亲身的经历中，都能够深刻认识到，人们之所以形成了线性思维，即直线性的思维方式，这不仅仅是由于人们把认识过程中思维与存在、主观与客观、概念与现实之间关系做了形而上学简单化的理解，而且也与人们对人的认识过程本身简单化是有关系的。实际上，人对客观事物的认识本身就是一种很复杂的过程。因为，在人们对客观事物进行认识的时候，人们所运用的可能并不仅仅是某一种认识方式、某一种认识要素，而可能是各种认识方式、不同认识要素，发生不同的认识功能，比如体悟、体验、信仰与反映。这些不同的认识形式以不同的方式、发挥不同的作用，这样，就形成了人们各自不同的思维方式。因此，人们对客观事物的实际认识结果也会千差万别——与所谓"理论"上的认识结果并不是一回事。比如同样一个秋景，在一些人的眼中是一片诗情画意，而在另外一些人眼里却是悲凉凄惨的。每个人由于各自不同的认识条件而都会具有自己独特的思维方式，这样，在众人眼中才能出现一个丰富多彩的世界。

我国科学家李醒民对爱因斯坦思维方式的独特性有过一个深刻的论述。他认为，作为科学家，爱因斯坦有不同于一般人的独特思维方式。他的这种思维方式不同于科学思维方式（实证的和理性的）和技术思维方式（实用的和功利的），它是直觉型的，即是虔敬的、信仰的、体验的和启示的，在形式上与神学思维有某种类似性，我们不妨称其为"宇

---

① 《马克思恩格斯选集》第 4 卷，人民出版社 2012 年版，第 666 页。

宙宗教思维方式"。

在宇宙宗教思维中,思维的对象是自然的奥秘而不是人格化的上帝;思维的内容是宇宙的合理性而不是上帝的神圣性;思维方式中的虔敬和信仰与科学中的客观和怀疑并不相悖,而且信仰本身就具有认知的内涵,它构成了认知的前提或范畴(科学信念);此外,体验与科学解释或科学说明不能截然分开,它能透过现象与实在神交;启示直接导致了灵感和顿悟进而触动了直觉和理性,综合而成为科学的卓识和敏锐的洞察力。与此同时,宇宙宗教思维方式中所运用的心理意象(imagery)和隐喻、象征、类比、模型,直接导致了科学概念的诞生。这种思维方式在很大程度上是摆脱了语言和逻辑限制的右脑思维,从而使人的精神活动获得了广阔的活动空间和无限的自由度,易于形成把明显不同领域的元素关联起来的网状思维——这正是创造性思维过程的典型特征,因为语词的和逻辑的思维是线性过程。[①]

我们可能不同意或者不完全同意爱因斯坦的这种思维方式,不过,应该看到,爱因斯坦明确反对线性思维、主张非线性思维。所以,我们必须承认,在他的这个特殊的思维方式中有着与常人不同的宝贵之处,这就是他在事物的认识过程中能够最大限度地排除各种精神因素的限制,给思维以更广阔的活动空间,并且获得更大的自由度。爱因斯坦这样的特殊思维方式,无论是空间上还是在时间上都有比较大的自由。而在时空中的自由,则恰恰是思维发挥创造性最宝贵的主观条件。可见,以自由为灵魂的非线性思维蕴藏着人类最宝贵的创造性资源。

我们认为非线性思维蕴藏着人类认识过程中的创造性,这不仅是从积极意义上说的,而且也是从消极意义上说的。这是因为,人类的认识要具有创造性,必然是一条曲折的道路,即是正确——错误,错误——更加正确;再正确——错误,再错误——更加正确,如此循环往复。这

---

[①] 李醒民:《科学的社会功能与价值》,商务印书馆2014年版,第116页。

就是说，人类对真理的追求，必然是一条充满了错误的曲折认识道路。实际上，在真实的认识过程中，我们恰恰是通过错误走向真理的，而且在一定意义上可以说，是"错误"而不是"正确"教育着我们更加聪明。实践证明，在追求真理的时候，企图走一条笔直的认识道路往往会成为一种空想。人类的认识史越来越深刻地揭示了这样一个真理：笔直的认识道路——线性思维，常常会扼杀人的认识的创造性，而曲折的认识道路——非线性思维，才能给人以实现创造性所必需的自由。这就是我们主张要以非线性思维取代线性思维的根本理由。

# 第五篇

# 革命的批判性思维

我们研究哲学思维的根本目的是什么？归根到底是为了提高自己的思想方法论水平，使其具有更强的哲学智慧能力，从而使自己的思想具有更大的创造性。在这一点上，马克思主义革命的批判性思维，充分显示了这一哲学思维形式的创造性本质特征。

对马克思主义的理论研究来说，批判性思维实质上就是作为方法论的唯物主义，其核心是唯物主义辩证法。那么，作为科学研究方法论的辩证法的本质是什么呢？马克思指出："辩证法，在其神秘形式上，成了德国的时髦东西，因为它似乎使现存事物显得光彩。辩证法，在其合理形态上，引起资产阶级及其夸夸其谈的代言人的恼怒和恐怖，因为辩证法在对现存事物的肯定的理解中同时包含对现存事物的否定的理解，即对现存事物的必然灭亡的理解；

辩证法对每一种既成的形式都是从不断的运动中,因而也是从它的暂时性方面去理解;辩证法不崇拜任何东西,按其本质来说,它是批判的和革命的。"① 从马克思的这个经典表述中,可以看出,作为马克思主义方法论的批判性思维的本质就是唯物主义辩证法即马克思主义哲学所具有的"批判的和革命的"思维方式。那么,这个革命的批判性思维的本质是什么呢?概括言之,这就是马克思主义哲学思维的创造性本质。

---

① 《马克思恩格斯选集》第2卷,人民出版社1995年版,第112页。

# 第十四讲
# 革命的批判性思维的创造性本质

马克思主义哲学通过革命的批判性思维显示了它的创造性本质。为了深入研究这个问题，这里我们需要对批判性思维这个概念进行认真系统的学术考察。

什么是批判性思维？所谓批判性思维，也就是以批判为主要特点的思维形式，所以，这里首先应该对"批判"或者"批判性"这个词的涵义有一个科学的了解。有人认为，"批判"就是对错误的思想观点进行分析并加以否定。应该说，这不能说是完全错误的，因为批判本身应该包含着否定的因素；但是，这样的理解似乎有些简单化了，因为真正意义上的"批判"不能等同于否定。或者确切地说，科学意义上的"批判"与形而上学的否定，是不能同日而语的。

在有的学术研究中，"批判"是指对某种学术观点进行客观、科学、公正的一种研究方式。我们可以说"批判"就是一种理性的研究方式，批判性思维，当然就是以对"批判"概念内涵的这种肯定性理解为基础的一种研究方式。

在近代哲学史上，笛卡尔对批判性思维的实质进行过研究和论述。他认为，人们都具有一种我们称之为良知或理性的东西，即人的"那种正确地作判断和辨别真假的能力"。笛卡尔说，一个人如果真的要"正确地作判断和辨别真假"，那就必须遵守四条规则，"第一条是：决不把任何我没有明确地认识其为真的东西当作真的加以接受，也就是说，小心避免仓卒的判断和偏见，只把那些十分清楚明白地呈现在我的心智之前，使我根本无法怀疑的东西放进我的判断之中。第二条是：把我所考察的每一个难题，都尽可能地分成细小的部分，直到可以而且适于加以圆满解决的程度为止。第三条是：按照次序引导我的思想，以便从最简单、最容易认识的对象开始，一点一点上升到对复杂的对象的认识，即便是那些彼此间并没有自然的先后次序的对象，我也给它们设定一个次序。最后一条是：把一切情形尽量完全地列举出来，尽量普遍地加以审视，使我确信毫无遗漏"[①]。由此看来，笛卡尔对批判性思维的本质特征理解的基本内容是：对已有理论"尽量普遍地加以审视"，能够"正确地作判断和辨别真假"，然后做到"使我根本无法怀疑的东西放进我的判断之中"。

笛卡尔还进一步阐述了他认为必须遵循的批判性思维的思想原则，他明确指出："如果我要想在科学上建立一些牢固的、经久的东西，就必须在我的一生中有一次严肃地把我从前接受到心中的一切意见一齐去掉，重新开始从根本做起。——然而，为了这个目的，我并没有必要把这些意见一律指为虚妄，这一点也许是我永远办不到的；——可是，因为基础一毁整个建筑物的其余部分就必然跟着垮台，所以我将首先打击我的一切旧意见所依据的那些原则"[②]。这可以说是本来意义的"批判性思维"。

从这里我们可以看出，笛卡尔所谓批判性思维方式的实质，是把一切以前的思想观点即"一切旧意见所依据的那些原则"，都纳入批判的范围重新进行彻底的审视，在理性的判断中决定取舍。或者甚至也可以说，这样的批判性思维就是把以前的一切旧观念完全推倒，重新检查，在理性的基础上建立起一套全新的观念。这应该说是批判性思维具有特

---

[①] 北京大学哲学系外国哲学史教研室编译：《西方哲学原著选读》（上），商务印书馆1981年版，第364页。

[②] 北京大学哲学系外国哲学史教研室编译：《西方哲学原著选读》（上），商务印书馆1981年版，第365—366页。

殊思想价值的根本原因。

在近代哲学史上，康德的哲学常常被人们称为"批判的哲学"，他在自己著名的"三大批判"之一《纯粹理性批判》中对他所运用的批判性思维方式的实质进行过深刻阐述。康德指出："我之所谓批判并非指批判书籍及体系而言，乃指就理性离一切经验所努力寻求之一切知识，以批判普泛所谓理性之能力而言。故此种批判乃决定普泛所谓玄学之可能与否、乃规定其源流、范围及限界者——凡此种种皆使之与原理相合。"[①]

康德认为："为了使作为科学的形而上学能够做出不是虚假的说教，而是真知灼见，是令人信服的东西起见，理性批判本身就必须把先天概念所包含的全部内容、这些概念按照不同源泉（感性、理智、理性）的类别、连同一张完整的概念表，以及对所有这些概念的分析和这些概念可能产生的一切结果，特别是通过先天概念的演绎而证明出来的先天综合知识的可能性、先天综合知识的使用原则以至使用的界线等等，统统都摆出来，把所有这些都容纳到一个完整的体系里才行。这样，批判，而且只有批判才含有能使形而上学成为科学的、经过充分研究和证实的整个方案，以至一切办法。别的途径和办法是不行的……至少有一点是肯定的：谁尝到了'批判'的甜头，谁就会永远讨厌一切教条主义的空话。"[②] 应该明确指出康德观点的先验哲学的局限性，但必须肯定康德对"批判"的本质特征揭示得是深刻的。

这里需要指出的是，在康德语言中所谓"科学的形而上学""使形而上学成为科学的""一般形而上学"等用语中的"形而上学"，实际上就是我们所说的肯定意义上的"哲学"。当然，康德的所谓"理性的批判"其理论基础是他的先验唯心主义，在这样基础上的"批判"，即他

---

[①] 〔德〕康德著，蓝公武译：《纯粹理性批判》，商务印书馆1982年版，第3页。
[②] 北京大学哲学系外国哲学史教研室编译：《西方哲学原著选读》（下），商务印书馆1982年版，第305—306页。

说的通过先天概念的分析、演绎而证明，排除虚假的说教形成令人信服的东西，并且依照理性的原则，纳入一个完整的体系，从而建立起一种真正"科学的形而上学"。很显然地，他的这个先验主义哲学的论断，必然显示出其理论上的局限性。但是，我们也必须承认，不管是什么样的思想体系，真正的哲学必然是理性批判的产物，甚至可以说是"对纯粹理性本身的批判"的产物。哲学思想史已经证明，没有真正的批判性研究就不可能有真正的哲学思想创造。

黑格尔在他的哲学思维中认为物作为全体，就是矛盾。他指出："按照它的否定的统一性来说，它就是形式，在形式中，物质得到了规定，并且被降低到了特质的地位；而同时物又由许多物质构成，这些物质在返回到物自身的过程中，既同样是独立的，也同时是被否定的。于是'物'作为一种在自己本身内扬弃自己的本质的实在，——这就是现象。"[①] 从这些哲学阐述中，我们可以看到黑格尔对批判性思维的创造性实质揭示得相当深刻。

关于究竟什么是"批判性思维"的实质问题，国内外学术界进行了长期比较深刻的研究。有的哲学家对"批判性思维"的实质问题是从"批判性思维是什么"这个角度进行系统研究的。在罗楠的《批判性思维》一书中，介绍了在 M. 斯柯雷文（M. Scriven）同 R. 玻尔（R. Paul）合写的《批判性思维的定义》一文里对批判性思维的描述。

批判性思维是智力的训练过程，这个过程积极地、灵巧地应用、分析、综合或估价由观察、实验、反省、推理、交流中所获得的信息，并用其指导信念和行动……

由于要处理各种各样的论题和目的，批判性思维被纳入一个由不同的、交织在一起的思维模式组成的家族。它们中有科学思维、数学思维、历史思维、人类学思维、经济学思维、道德思维和哲学思维。

---

① 北京大学哲学系外国哲学史教研室编译：《西方哲学原著选读》（下），商务印书馆1982年版，第412页。

可以认为，批判性思维包含两种成分：其一，一组产生信念和处理信息的技巧。其二，一种以智力活动为基础的、使用这些技巧来指导行动的习惯。①

批判性思维不是盲目的想法，是不受偏见左右的独立的认真的思考，是不受一时感情支配的冷静思考，是不受各种贪欲干扰的清楚的思考，是严格遵循逻辑规则进行的一种严肃思考，是以一种分析、评价的方式的科学思考。这就是说，批判性思维是人的一种科学、理性思维，是一种严肃的现代哲学思维。

关于"批判性思维是什么"这个问题，英国学者斯特拉·科特雷尔（Stella Cottrell）提出了自己的系统观点，他认为：批判性思维是一个过程，即批判性思维是一个复杂的思考过程，涉及很多技巧和态度，包括以下几点。

- 辨认他人的立场、论点和结论。
- 评估不同的证据。
- 公平地权衡与自己对立的论辩和证据。
- 能够读懂言外之意，看到表面背后的东西，识别错误或不公正的假设。
- 识别使某些立场比其他立场更具吸引力的技巧，例如错误的逻辑和劝说手段。
- 有条理地思考问题具有逻辑性和洞察力。
- 在充分的证据与合理的假设的基础上，判断论辩是否有效、公正。
- 整合信息：汇总你对证据的判断以形成自己的新立场。
- 以有条理、清晰、合理的方式表达观点。②

---

① 罗楠：《批判性思维》，山西人民出版社2004年版，第3页。
② 〔英〕斯特拉·科特雷尔著，丁国宗译：《批判性思维训练手册（第3版）》，中国友谊出版公司2023年版，第3页。

斯特拉·科特雷尔认为批判性思维也可以说是一种论辩，或者说批判性思维中具有论辩的特点。他指出，批判性思维的着眼点通常被称为"论辩"。论辩可以看作一条信息，不论其传播途径是口头、书面、表演或是其他媒介。批判性思维可以帮助我们更加精确地辨别明显的和隐藏的信息，理解论辩的形成过程。

与此同时，斯特拉·科特雷尔认为批判性思维也可以说是一种推理，推理问题的实质首先就是"了解自己的理由"。他指出，批判性思维是和推理或理智的思考相关的。"理智的"这个词的意思就是"运用理由"来解决问题。推理是由我们自己开始的，包括以下几点。

- 知道自身信念及行为的根据。
- 批判性地评估我们的信念和行为。
- 能够向他人展示我们的信念和行为的原因。[①]

这些听起来很好做到，因为假定我们明白自己相信的是什么、为什么相信，只有当相信这些事物的理由受到质疑，我们才意识到，我们从没真正想过这些所见所闻事实的全部只是冰山一角。而且，我们还可能发现，原以为正确的方法或理解并不一定是确凿的。检查我们的信念和推理的立场是很重要的，因为这些就是批判性思维的主要优势所在。

斯特拉·科特雷尔认为，推理问题的实质，其次就是"批判分析他人的推理"。他指出，批判推理一般都要考虑他人的推理，这就要求我们能够把握整个论辩，还能够细致地分析和评估。他认为，批判分析他人的推理包括以下几点。

- 确定理由和结论。
- 分析他们如何选择、组合、整理理由以构建推理线。
- 评估理由是否支持结论。

---

[①] 〔英〕斯特拉·科特雷尔著，丁国宗译：《批判性思维训练手册（第3版）》，中国友谊出版公司2023年版，第4页。

- 评估理由是否有充分的依据。
- 辨别推理中的缺陷。①

斯特拉·科特雷尔认为，推理问题的实质，再其次就是"建立并给出理由"。他指出，推理包括分析证据并从中得出结论，即让证据能够用以支持结论。比如，我们认为今天很冷，反对的人问我们为什么认为今天很冷，我们可能就会用到一些证据，如温度计的读数和今天天气的状况，理由可能是气温很低而且地上有冰。

我们每天都在运用这样的基础推理。如果是在工作和学习中，我们需要用更正式的形式给出这些推理，比如用论文或者报告。这就需要我们拥有额外的技能，比如以下几点。

- 选择并组织理由来支持结论。
- 以一致的方式陈述论辩。
- 遵循逻辑顺序。
- 有效地措辞以呈现推理线。②

应该说，上述这些研究对批判性思维的本质揭示得比较系统、比较深刻，逻辑性和学理性都比较强，有重要的学术价值。

马克思主义经典作家对作为哲学思维基本形式的批判性思维，在批判继承的基础上进行了创造性的发展，形成了批判性思维的更高哲学水平，使其本质得到了进一步的革命性的发展。我们在马克思、恩格斯的哲学著作中，能够获得更加深刻的认识。在马克思 1844 年发表的早期重要著作《〈黑格尔法哲学批判〉导言》中，我们可以清楚地看到，他是如何通过对黑格尔唯心主义哲学的批判性改造而产生了辩证唯物主义和历史唯物主义哲学的革命创造过程。马克思指出："德国的国家哲学

---

① 〔英〕斯特拉·科特雷尔著，丁国宗译：《批判性思维训练手册（第 3 版）》，中国友谊出版公司 2023 年版，第 5 页。
② 〔英〕斯特拉·科特雷尔著，丁国宗译：《批判性思维训练手册（第 3 版）》，中国友谊出版公司 2023 年版，第 5 页。

和法哲学在黑格尔的著作中得到了最系统、最丰富和最终的表述；对这种哲学的批判既是对现代国家以及同它相联系的现实所作的批判性分析，又是对迄今为止的德国政治意识和法意识的整个形式的坚决否定，而这种意识的最主要、最普遍、上升为科学的表现正是思辨的法哲学本身。"① 关于这个思想，他还有一个名言是："批判的武器当然不能代替武器的批判，物质力量只能用物质力量来摧毁；但是理论一经掌握群众，也会变成物质力量。理论只要说服人[ad hominem]，就能掌握群众；而理论只要彻底，就能说服人[ad hominem]。所谓彻底，就是抓住事物的根本。而人的根本就是人本身。"② 我们应该特别重视的是马克思强调批判的彻底性——抓住事物的本质这一重要思想。

我们从马克思、恩格斯的哲学著作中可以看出他们关于"批判性思维"本质的明确观点，即认为"批判"就是一种哲学研究方式，或者说"批判"就是一种哲学思维形式，而这样的批判性思维的本质就是哲学思维的创造性。比如说，马克思、恩格斯早期的一部著作的题目就是《神圣家族，或对批判的批判所做的批判。驳布鲁诺·鲍威尔及其伙伴》，这里最后的"批判"，就是在创造性"研究"这个意义上使用的。马克思的伟大著作《资本论》，其副标题就是"政治经济学批判"——创造了人类思想史空前的马克思主义政治经济学新体系。这样，我们对批判性思维的创造性本质就会有进一步更加深刻的认识了。

我们应该承认，马克思通常所说的"批判"是一种"否定"，没有否定就谈不上批判；但是，这里所谓的"否定"，不是形而上学的否定，而是辩证的否定。这种辩证的否定，就是马克思、恩格斯辩证法思想中那种"否定的否定"——通常所说的"否定之否定"。辩证法的否定之否定规律，揭示了事物发展过程中的辩证法，即否定——肯定——再一

---

① 《马克思恩格斯选集》第1卷，人民出版社2012年版，第9页。
② 《马克思恩格斯选集》第1卷，人民出版社2012年版，第9—10页。

次否定，即对否定的否定。这样的认识过程好像最后一个否定又回到了原来的出发点，但这是在新的更高阶段上达到的。这就是我们称之为辩证法的实质的"批判性"。

关于这一点，在引证了马克思关于资本主义发展中那种"剥夺剥夺者"规律的论述之后，恩格斯指出："马克思只是在作了自己的历史的和经济的证明之后才继续说：'资本主义的生产方式和占有方式，从而资本主义的私有制，是对个人的、以自己劳动为基础的私有制的第一个否定。对资本主义生产的否定，是它自己由于自然过程的必然性而造成的。这是否定的否定'等等（如上面引证过的）。因此，当马克思把这一过程称为否定的否定时，他并没有想到要以此来证明这一过程是个历史地必然的过程。相反，他在历史地证明了这一过程一部分实际上已经实现，一部分还一定会实现以后，才又指出，这是一个按一定的辩证法规律完成的过程"①。这就是说，批判性思维的实质，在马克思的思想中，就是辩证法的否定之否定规律的一种体现；或者说，批判性思维就是否定之否定的辩证思维方式。

马克思的革命的批判性思维，作为科学的方法论，体现在他的整个科学研究过程中。对马克思来说，他的根本任务就是在批判旧世界的过程中创造新世界，同样地，也必须在批旧思想的过程中创造新思想。需要指出的是，马克思和恩格斯对旧思想的批判，首先是对他们自己以往思想的一种自我批判。我们可以看到，马克思学说的这个形成、发展和成熟实质上是一个批判的和革命的过程。他在批判旧思想的过程中不断地创立新思想，而这个思想变革过程的实质，是在对自己以往思想清算的过程中不断地使自己的思想达到新的历史高度。这一点的一个突出表现，是马克思和恩格斯于1845—1846年期间写的《德意志意识形态》一书。后来，马克思曾经说过，他们写这本书的动机，是要"共同阐明

---

① 《马克思恩格斯文集》第9卷，人民出版社2009年版，第141页。

我们的见解与德国哲学的意识形态的见解的对立，实际上是把我们从前的哲学信仰清算一下。这个心愿是以批判黑格尔以后的哲学的形式来实现的"[1]。这里，再一次生动地说明，马克思的学说从其产生的时候起就显示了它的批判的和革命的本性，也就是说，他的学说是随着时代的发展而不断前进的。批判就是一种自我思想的清算，这就是马克思批判性思维的一个本质特征。

综上所述，我们可以指出，批判性思维的实质就是在理论研究中以理性、逻辑为准则，以客观事实为基础，不盲从，不迷信，不受权威和利害的诱惑，不为权势所左右，独立思考，切实贯彻实事求是的方法论原则。理性、逻辑是批判性思维的准则，实事求是是批判性思维的基础，辩证法是它的灵魂。所以，批判性思维是一种革命性的、彻底发展的思想方法论。

关于问题思维的研究，可以深化人们对批判性思维本质的认识，特别是能够使人们更加深刻认识问题思维的思想方法论价值。看来，要认真研究问题思维的本质及其认识论价值，一个关键是必须把什么是问题搞清楚。关于问题的定义，英国哲学家柯林伍德解释说："哲学——作为自我意识之有组织的和科学的发展——的题材，就往往取决于在某个特定时期里人们在其中发现了特殊困难的那些特殊问题。"他同时指出："只要历史知识并没有遇到特殊困难并发明一种特殊的技术来解决它们从而把它们强加于哲学家的意识时，那就不发生什么问题。"[2] 英国哲学家波普尔在自己的科学哲学著作中直接指出："问题就是困难。"[3] 有人把问题与危机联系起来，认为危机就是一种问题。应该明确指出的是，这里所说的问题是指人的认识领域、人的思维过程中的问题，所谓

---

[1]《马克思恩格斯选集》第 2 卷，人民出版社 1995 年版，第 34 页。
[2]〔英〕柯林伍德著，何兆武、张文杰译：《历史的观念》（节选本），商务印书馆 2002 年版，第 10 页。
[3]〔英〕波普尔著，李本正、范景中译：《走向进化的知识论》，中国美术学院出版社 2001 年版，第 74 页。

"疑难""困难""危机"都指的是意识领域中的矛盾、思维过程中发生的矛盾。所以，问题就是思维中的矛盾。

正是在这个意义上，应该说，在我们的现实生活中，是充满了各种各样矛盾的，自然地，是充满了各种各样问题的。现在的关键是，我们能不能抓住那些有价值的问题，能不能对这些突出问题进行深刻分析，从而形成自己的新思想并提高方法论的水平。

这里首先探讨第一个问题：如何具备问题思维，在批判性思维的过程中实现思想更新，使自己具有更高的思想水平。

我们强调问题思维在思想更新过程中的重要作用，首先要搞清楚什么是问题。作为哲学范畴，问题就是矛盾，是人的思想矛盾，是主体内在因素之间的矛盾，是主客体之间的矛盾。现实生活中，随着事物的不断发展，问题会层出不穷，矛盾会继续出现，这就给我们创造了丰富的思考研究机会；当然，对我们的工作来说，并不是每个问题都有研究的价值。所以，我们必须善于抓住那些有价值的问题。当然，在现实生活中，有相当多的问题不是我们轻而易举就能够解决的。

在人类的文明发展史特别是思想发展史中，先进人士的贡献不仅仅是由于他们提出了一个又一个的新观点、新见解，还在于他们不断地提出了各种各样的问题。甚至可以这样说，杰出人士能够提出有价值的问题，常常比他们解决某些问题，贡献更大。这就是问题的价值。因为不提出问题，学习可能是盲目的；没有问题的学习说明没有动脑，而不动脑的学习又怎么能够称得上是一种学习呢？我们常常可以发现，有的人，他们的理论研究和学习不是从客观实际出发，不是从问题出发，而是从自己的想象出发，或者是从已有的结论（概念）出发，用一些陈旧的东西来充塞自己的头脑。当然，一些人有的时候也对某个问题进行研究，但是，他们所研究的问题，并不是现实的问题，甚至是一些虚假的问题。这样的所谓"学习"和"研究"工作，既不能提高自己的理论水平，也不会给社会提供什么新思想，对自己、对工作、对社会都不可能有什么实际意义。

接着,我们再来探讨通过问题思维如何进行思维方式改造,使我们具有高水平的科学思想方法论这个问题。

我们的问题思维的对象,其理论层次、思想深刻性,对我们能不能获得高水平的思想方法论来说是一个关键。比如在中国科学技术发展史上,"李约瑟难题"仍然值得我们继续认真研究。英国科学史专家李约瑟在《中国科学技术史》中指出,中国在公元前3世纪到13世纪之间保持一个西方所望尘莫及的科学知识水平,发明和发现远远超过同时代的欧洲,特别是15世纪之前更是如此。[①] 据估算,在公元1世纪,中国的汉朝和欧洲的罗马帝国处于同一发展水平。人均收入水平基本一致。直到1820年,中国仍是世界最大的经济体,GDP总量占世界总额的32.4%。[②] 因此,多数学者认为18世纪中叶英国工业革命的主要条件,中国早在14世纪的明朝初年就已几乎全部具备。但工业革命毕竟没有在中国产生。英国发生工业革命后,中国的经济在世界上迅速从领先转变为落后。那么,为何在宋代中国早已孕育了资本主义萌芽,而工业革命却没有首先在中国发生?此即所谓的"韦伯疑问"。众所周知,中国自16世纪以来的科学技术和经济发展情况相当不尽如人意,李约瑟将这个疑问归纳为如下的两难问题:为什么历史上中国科学技术一直遥遥领先于其他文明?为什么到了现代中国科学技术不再领先于其他文明?这就是著名的"李约瑟难题"。这个看似矛盾的问题,如果认真研究,不仅是个历史问题,而且也是对中国走向现代化道路问题的一种创造性探索。

改造思维方式,强化我们工作的思想方法论,不但要重视重大问题,而且也要敢于接触和探讨现实中那些敏感尖锐的问题,这对改造思维方式、形成科学的思想方法论,具有更加切实的价值。

---

① 参见吴炜、程本学、李珍编著:《自然辩证法概论》,中山大学出版社2019年版,第49页。
② 参见尚虎平:《我国政府绩效评估基础问题研究》,光明日报出版社2013年版,第3页。

总之，如果真想研究问题，现实中需要研究的问题是层出不穷的。但是，有些人对这些问题却视而不见。实践证明，那些心中没有问题的人，特别是不能认真进行问题思维的人，很难成为具有创新思维的优秀人才。

# 第十五讲
# 哲学怀疑论：批判性思维的思想基础

人们来到这个世界上，对同一个世界的看法是不同的，那些智者首先看到的是矛盾、疑问、不解之谜，正如毛泽东所说："在任何时间、任何地方、任何人身上，总是有矛盾存在的，没有矛盾就没有世界。"① 所以，我们可以得出一个哲学结论：一些人之所以平庸或者失败了，不是因为他们愚蠢，而是由于他们没有任何疑问。有怀疑，人们才需要探讨、需要研究，这就是我们要研究的怀疑论的哲学价值。在哲学研究中，批判性思维与怀疑论即哲学怀疑论是有内在本质联系的，所谓哲学怀疑论实际上就是对自己的那些质疑进行研究，就是看自己在观察客观事物的时候，能不能提出质疑，能够提出些什么样的质疑。当然，更重要的是看人们解决质疑的能力和水平。人们常常把搞研究叫做"做学问"，看你能提出什么样的疑问，道理就在这里。在许多哲学家看来，能不能提出质疑、能够提出什么样的质疑，这种质疑能力就是一个人批判性思维能力的哲学思想基础。由此，我们还应该进一步认识到这样一个问题，即哲学怀疑论的批判性思维实质。哲学怀疑论具有肯定的认识论性质，因为作为一种认识论形式，它以实践为基础。我们充分肯定实践是检验真理的唯一标准，这就是说，一种认识形式没有经过实践的检验，那自然是可怀疑之列，而一旦经过实践检验，其认识的真理性问题，就不能再怀疑了。由此可见，不能把哲学怀疑论视为哲学的不可知

---

① 《毛泽东文集》第7卷，人民出版社1999年版，第66页。

论。所以，我们应该充分认识实践是批判性思维的哲学基础。

关于哲学怀疑论的问题，哲学史上进行过长期的探讨，有各种不同的观点。我们首先应该指出的是，怀疑论是在肯定意义上使用的，所以，我们称之为哲学怀疑论。一般来说，怀疑论也有不同的分类，有信仰的怀疑论，有本体论的怀疑论，有认识论的怀疑论，等等。一般认为，怀疑论主要是指认识论的怀疑论即哲学怀疑论——批判性思维的一种理论基础。需要承认，作为一种古老的哲学——文化现象，怀疑论有一个很长的形成和演化历史，古希腊哲学家苏格拉底的"我只知道自己无知"可以看作是怀疑论性质的箴言。就此而言，哲学怀疑论与不可知论有着本质上的区别。

怀疑论者认为，如亚里士多德、伊壁鸠鲁等人，这是一些以为自己是发现了真理的人，于是就成了思想上的"独断论者"，与他们不同，"怀疑派则继续从事研究"①。这是因为"怀疑学派，由于它的追求和研究的活动，也被称为'研究派'，由于研究者探究之后所产生的心理状态，也被称为'存疑派'，由于他们的怀疑和探索的习惯，以及他们对肯定和否定不作决定的态度，也被称为'犹疑派'"②。可以看出，这里所谓"怀疑""存疑""犹疑"，本质上都应该是一种"研究"——哲学思维。怀疑学派由此而形成了自己学派的基本原则：怀疑论体系的主要基本原则，是每一个命题都有一个相等的命题与它对立这个原则。

古希腊时期怀疑论早期代表人物皮罗对怀疑论思想做过这样一些表述："（1）万物一致而不可分别。因此，我既不能从我们的感觉也不能从我们的意见来说事物是真的或假的。所以我们不应当相信它们，而应当毫不动摇地坚持不发表任何意见，不作任何判断，对任何一件事物都

---

① 北京大学哲学系外国哲学史教研室编译：《西方哲学原著选读》（上），商务印书馆1981年版，第175页。

② 北京大学哲学系外国哲学史教研室编译：《西方哲学原著选读》（上），商务印书馆1981年版，第176页。

说，它既不不存在，也不存在，或者说，它既不存在而也存在，或者说，它既不存在，也不不存在。（2）它既不是这样的，也不是那样的，也不是这样和那样的。"[①] 很显然，这样的怀疑论观点带有突出的不可知论的特点，甚至可以说还没有从古希腊时期的诡辩论中脱胎出来。但是，它的探索和研究的学术态度却是必须肯定的，而这恰恰是批判性思维创造性本质的一个突出特点。

后来的怀疑论有了进一步的发展，经过中世纪和启蒙时代，18世纪的哲学怀疑论者以休谟为主要代表人物。休谟认为，人们关于对事物的因果关系的认识，人们看到那些表面上相似的事物也会有相似的结果跟随着，须知，这个结论需要一种推理和论证，而这样的推理需要通过中介才能进行，但是，这个中介却是我不能了解的。他对此论证说："我们已经说过，一切关于实际存在的论证都是建立在因果关系上面，我们对于这种关系的知识是完全从经验中得来的，我们的一切经验结论都是从'未来将符合过去'这一假设出发的。因此，我们如果企图应用一些或然的论证或关于实际存在的论证来证明刚刚提到的那个假设，那分明地是在兜圈子，而且是将整个问题的焦点当作不成问题的。"[②]

他对自己的这个怀疑论观点总结性地指出："在人生的各样事情上，我们还是应当一概保持怀疑主义的态度。如果说我们相信火能加温、水能生凉，那只是因为不那么想就要吃大亏而已。可是，如果我们是哲学家，那就只能是基于怀疑主义的原则，出于一种爱好，觉得自己倾向于以那个方式去努力了。道理只要说得生动活泼，而且带着某种倾向性，那就应该同意；如果不是这样，那就决不会有资格对我们起作用。"[③]

---

[①] 北京大学哲学系外国哲学史教研室编译：《西方哲学原著选读》（上），商务印书馆1981年版，第177页。

[②] 北京大学哲学系外国哲学史教研室编译：《西方哲学原著选读》（上），商务印书馆1981年版，第525页。

[③] 北京大学哲学系外国哲学史教研室编译：《西方哲学原著选读》（上），商务印书馆1981年版，第531页。

第五篇　革命的批判性思维

他还由此引申说:"我感到自己的思想完全集中在内心深处,很自然地倾向于把我的眼光放到平日读书交谈过程中所遇到的一切争论很多的问题上。我不禁怀着一种好奇心,要想弄清楚道德上善和恶的原则,政治的本性和基础,那些驱使我、支配我的感情和倾向的原因。"① 这就是说,他说的这些事情和感觉,是真实的,是一种哲学的思考。他还进一步批判说:"犬儒派是哲学家中间的一个特例,他们从纯哲学的推理闯进了行为上的高度放肆……总的说来,宗教上的错误是有危险性的,哲学上的错误只不过可笑而已。"② 在他看来,持这样的哲学怀疑论的人是把自己作为真实的自我来看的。

休谟的怀疑论在哲学史上的重大意义,它对以往的一切哲学理论提出了挑战。在哲学怀疑论看来,世界上并没有什么唯一正确、永恒不变的理论。美国哲学家罗伯特·所罗门在评价休谟怀疑论的哲学启蒙意义时写道:"当康德读到休谟对怀疑论的辩护时,他被深深地震撼了——'休谟把我从独断论的迷梦中唤醒'。"③ 正是从这个意义上我们可以说,怀疑论是一种思想启蒙,是一种思想解放,因此,也给人一种思想自由。自然地,哲学怀疑论是批判性思维实质和价值的一种真实反映。

怀疑论是一种否定性的思维,但是,它不是形而上学的否定,而是辩证法的否定。黑格尔曾经深刻地指出:"万物都是变化的,这一句话的意思,就一般的了解来说,就是:事物都不是自在的,它的本质是要扬弃自己的;——万物都是变化的,这就是它们的必然性。现在它们是这样的,在另一个时候它们就是别的样子了;而这个时候,现在,当我说到它的时候,本身就已经不复存在了,——时间本身就不是固定的,

---

① 北京大学哲学系外国哲学史教研室编译:《西方哲学原著选读》(上),商务印书馆1981年版,第531页。
② 北京大学哲学系外国哲学史教研室编译:《西方哲学原著选读》(上),商务印书馆1981年版,第532页。
③ 〔美〕罗伯特·所罗门著,张卜天译:《大问题:简明哲学导论》,广西师范大学出版社2011年版,第192页。

也不能使任何东西固定。这种对一切规定的否定，就是怀疑论的特点。但是，作为一种哲学认识的怀疑论，却是比较晚出的。怀疑论是指一种有教养的意识，在这种意识看来，不仅不能把感性存在当作真实的东西，而且也不能把思维中的存在当作真实的东西；然后更进而有意识地辨明这个被认为真实的东西其实是虚妄无实的；最后则以普遍的方式，不仅否定了这个或那个感性事物或思维对象，而且有教养地认识到一切都不是真的。"[1] 黑格尔在这里还特别强调指出，哲学怀疑论与一般的形而上学的所谓"怀疑"不可同日而语，因为哲学怀疑论是一种"有教养的意识"。这就是说，一个对万事万物都毫无怀疑的人，说明他是一个没有基本哲学修养的人，因为他没有在观察事物的过程中进行任何批判性思考。

由此，我们还可以得出这样一个哲学结论：如果一个人缺乏怀疑意识，或者主观上不肯质疑，这就说明他只有一种肯定性的思维，对他观察的外界行为持一种无条件的支持、拥护态度。

怀疑论的本来意义是包含着对一切已有思想观念的否定性评价，因为没有否定就没有怀疑论。但是，真正的哲学怀疑论与形而上学的否定是根本不同的，它引导人们对事物的本质的认识不断地深化，是人们应该具有的一种哲学思维修养。真正的怀疑论者是具有学术修养的哲学家，他们是"哲学家中的学者"，因为他们对问题的思考、见解尖锐，比一般人是要深刻得多的。作为一种思维方式，我们可以看到，怀疑论者是要指出那些在一般人看来是确定的、无限的事物具有一种实际上的不稳定性和有限性。作为一种哲学观念，怀疑论包含着思维积极性的肯定性因素，这就使它成为反对教条主义、反对思维的绝对化、反对形而上学绝对真理观思想武器。正是因为如此，它在哲学的发展中作为一种积极的思维方式，对陈旧的思想往往会发挥出一种颠覆性的革命作用。

---

[1] 〔德〕黑格尔著，王太庆等译：《哲学史讲演录》第3卷，商务印书馆1959年版，第119页。

我们可以利用批判性思维来建设性地怀疑，这样就可以分析眼前的事物。我们可以用更充足的信息来更好地判断一个事物是否真实、有效或者多产。为了正常生活，我们必须认识到有些事物是真实的，这就需要信任。我们认为是真的事物，如果能分析清楚其之所以为真的基础，那么，我们就更应该分辨什么时候该信任、什么时候该怀疑。

有的人天性比较多疑，有的人则更容易产生信任，这种区别可能是因为过去的经历或者性格的不同而造成的。但是批判性思维不是天性，而是一套以特别的方式寻找证据的方法。多疑的人需要系统的方法来帮助他们去信任，容易产生信任的人同样需要方法来帮助他们进行建设性的怀疑。

从人们的思维方式演变过程中可以看出，作为批判性思维的实质的哲学怀疑论，它本身包含着"论辩""论证""推理"等思维方式，这就是说，哲学怀疑论是走向认识的真理性的一个必经途径。

那么，对哲学怀疑论——"怀疑主义"的真谛和价值究竟如何认识呢？这里，我们深入地对这个问题专门进行一些学术探讨，这可以看作是我们对作为批判性思维方式的哲学怀疑论——"怀疑主义"的哲学思维本质的进一步研究。

如上所述，哲学所谓"怀疑论"或者"怀疑主义"是指对现实生活中矛盾的疑问，或者说是人们对存在着的现实事物、思想、理论等的怀疑、质疑。所以，在中外思想史上有一定贡献的学者，大多数是敢于面对尖锐问题的人，在哲学史上，作为怀疑论者在哲学史上是引起过一些非议的，但是，人们也不得不承认他们的思想贡献，这个贡献也就在提倡"怀疑"这两个字上。

关于"哲学怀疑论"或者"怀疑主义"的特殊价值问题，胡适发表过许多精彩的言论。在胡适看来，人的可贵之处是有思想，而思想与怀疑主义是有本质关系的。因为人是需要自由的，而人的自由是通过他的思想活动来实现的，因为思想的本性就是自由，或者可以说，思想过程本身就是一种自由。为了阐述思想的这个本性，胡适运用他对杜威实用主义哲学的理解，做了不少深入浅出的论证。根据杜威的哲学观念，胡适得出的结论是，思想是人所养成的一种"创造的智慧"。因为在杜威看来，经验就是生活，生活就是应对人类周围的环境；在这种应对环境的行为之中，思想的作用最为重要；一切有意识的行为都含有思想的作用；思想乃是应对环境的工具。胡适指出，杜威所说的"思想"有两大特性：一是须先有一种疑惑困难的情境做起点；二是须有寻思搜索的作用，要寻出新事物或新知识来解决这种疑惑困难。按照杜威关于思想的作用的论述，胡适认为疑问便是思想的起点。一切有用的思想，都起于一个疑问符号。一切科学的发明，都起于实际上或思想界里的疑惑困难，疑难是思想的第一步。他所说的"疑问是思想的起点"，即是说没有疑问就没有思想，或者说疑问是思想之母。这可以从一个方面反映出思想的本性，从而说明了哲学怀疑论的特殊思想价值。

　　胡适说："我的思想受两个人的影响最大：一个是赫胥黎，一个是杜威先生。赫胥黎教我怎样怀疑，教我不信任一切没有充分证据的东西。杜威先生教我怎样思想，教我处处顾到当前的问题，教我把一切学说理想都看作待证的假设，教我处处顾到思想的结果。"[①] 其实他所说的赫胥黎和杜威的教导，核心的东西是一样的，即都是教人不要盲目崇拜，不要随便轻信，而这恰恰就是人的思想的一种本性。

　　实验主义是胡适关于思想自由的哲学基础，而这一点也恰恰能够使我们进一步认识思想的本性即自由这个道理。他说，实验主义自然也是一种主义，但实验主义只是一个方法，只是一个研究问题的方法。他认为世界上没有天经地义的信条，就意味着不存在所谓的"绝对真理"，对思想来说，一切都是可以怀疑的，一切都是应该加以研究的对象，思想是不盲目崇拜任何东西的。就此而言，胡适所极力提倡的实用主义

---

① 《胡适自述》，泰山出版社 2022 年版，第 156 页。

（实验主义）哲学，在思想史上是有贡献的，因为它为思想的自由本性提供了理论根据。

在以怀疑主义来说明思想的自由本性的时候，胡适认为中国古代的思想家也有着这样的自由主义传统。他指出，古代中国的知识遗产里有一种类似的"苏格拉底传统"，这就是儒家的传统，即"自由问答、自由讨论、独立思想、怀疑、热心而冷静的求知"。

胡适说，后世学者很多人深受孔子的"苏格拉底传统"的影响，认识到怀疑在思想上的重要，养成了一种研究探索的精神。胡适认为，朱熹是深得其真传的，他把研究工作的方法论建立在"疑"的观念基础上。胡适说，朱熹的大成就有两个方向：第一，他常常对人讲论怀疑在思想和研究上的重要；第二，他有勇气把这个怀疑和解除怀疑的方法应用到儒家的重要经典上，因此开了一个经学的新时代。胡适由此更加重视怀疑精神在科学研究中的重要性。他说，学者要抱着虚心去怀疑，再找方法解决怀疑，即使是对待经典大书也敢去怀疑。这样，才能形成一种科学的传统。

我们从这里还能够越来越明确地认识到，一切有价值的思想都是与现实的问题联系在一起的，即思想是由问题中产生的，是为了解决问题而提出的，是在解决问题的过程中显示出某种思想的价值的。既然有问题、要研究问题、要解决问题，思想就必须有充分自由的想象空间。所以，就其本性来说，真正有价值的思想与任何一种教条、"金科玉律"、"绝对真理"是针锋相对的。在胡适看来，"怀疑""质疑""求证而后方可信"，这是思想家的可贵品质。他说，宁可疑而错，不可信而错。

怀疑主义即怀疑论的真谛决定了我们应该重视怀疑论特殊的认识论的价值。在不少人的思想中，常常把哲学史上的"怀疑论"作为一个贬义词来对待，这是很不公平的。因为，这样的评价是从根本上歪曲了"怀疑论"的原意。其实，哲学史上的"怀疑论"，就不同的哲学家或者哲学流派来说，其学说的性质和主旨，是大相异趣的。在"怀疑论"各个流派中，大多数严肃的哲学家，其哲学见解很有价值。

如果认真分析一下就可以看到，哲学的宝贵价值就是它的怀疑精神，而哲学上的怀疑精神实质上是一种自由的挑战精神，因此，怀疑精神就是人的创造性的源泉之一。

我们竭力推崇"怀疑""怀疑精神""怀疑态度"，倡导哲学的"怀疑主义"，并不是要人们不问青红皂白地否定一切，提倡所谓的"虚无主义"，而是要人们凡事都问一个"为什么"。不要做任何人、任何思想的奴隶，反对盲从，独立思考，这恰恰是创造性思想的动力之源。所以，对那些有所作为的人来说，具有一个善于独立思考的头脑，那是多么宝贵啊！

人类文明发展史的大量事实证明，我们的认识水平是否提高，我们的思想能否具有创造性，往往取决于我们对现存事物及其思想理论能不能提出深刻的疑问。有的时候，大胆地发问可能就包含着一种奇思妙想！所以，质疑本身就是一种思想的挑战。实践证明，挑战不仅仅是一种思想勇气，尤其是一种哲学思维智慧。正是在这样的哲学思维的指领下，人类一步一步走向思想的高峰。这就是怀疑主义即哲学怀疑论的真正价值之所在。

增强哲学思维能力，不断提高思想智慧水平，基本的要求是必须认真进行马克思主义的哲学认识论研究，在思想理论上真正成为一个马克思主义者。这里必须指出的一个严重问题，是一定要彻底从教条主义的束缚中解放出来，在哲学思维上真正坚持批判性思维的独立思考。实践证明，能够摆脱论证式思维恶劣影响，坚持批判性的独立思考，从教条主义的束缚中解放出来，对增强哲学智慧具有决定性的意义。

在当今如此复杂多变且不断发展的国际社会中，我国的哲学社会科学研究正在经受着时代的考验。那么，我们摆脱思想理论困境的出路何在？这其中需要解决的思想要害问题，是必须认清论证性思维与批判性思维方式的本质区别，以批判性思维取代论证性思维，这是我们进行哲学思维方式改造的一个突出问题。

在这里，我们需要彻底解决一个认识问题，是真正认识论证性思维的极端危害。这种以形而上学为基础的论证性思维对人的哲学思维的创造性发展是一种极大的阻力，因此，它在中国社会主义事业的发展中也成为意识形态性质的破坏因素。

首先需要明确一个问题，否定论证性思维方式，并不是对学术研究中"论证"形式的简单否定。因为我们可以看出，把论证性思维方式与批判性思维方式对立起来，很显然是把"论证性思维"作为一种否定性概念来对待；但是，并不是说要否定或者抛弃"论证"这个概念，并不是说哲学思维和理论研究不能搞"论证"。但是，对这个问题需要我们必须有科学的认识。

实际上，在思想理论研究中，有不同性质的"论证任务"，有一些文献中的观点是正确的，但是，需要更加充分的"理论论证"以证明其确实具有的真理性。很显然，按照通常的语言、逻辑规则进行的理论论证，这是思想理论工作所必需的而且是有价值的研究方法。

还有一种情况是，一部分来自权威机构的文件，为了防止其被人歪曲，这其中有一些需要向社会公众证明其正确性的某些论点，这就需要必要的理论论证，这样，能够使它得到更加广泛的传播。很显然，这样的论证工作是需要的，是有价值的，也是正常的，因此应当给予肯定。

为什么论证性思维在实践中是有害无益的呢？这是由这种错误的思维方式决定的。因为，这里所谓的"论证性思维方式"，它的实质就是从原则出发，从已有的结论出发，把维护已有结论的真理性作为所谓"理论研究"的根本目的，这就决定了这一思维方式的主要形式是演绎而不是归纳。事实已经证明，论证性思维方式是形而上学的单一思维向度的，或者说是一种单向接受式的思维方式。这样，在论证性思维的研究过程中，研究者成为了研究工作的思想客体。可想而知，在这样被动的精神状态中，那些从事所谓"研究"工作的人，为了能够"完成"给予他们的"论证"任务，必然表现出一种消极应付的态度。在这样的状态中，运用论证性思维方式的那些"理论工具"，怎么会作出创造性的贡献呢？

论证性思维方式的方法论基础是形而上学的教条主义，所以，学术研究中的论证性思维方法基本的理论形式是一种演绎，从根本上说，演绎是不能出新思想的。我们并不是否定任何一种论证——演绎，也不是说任何论证——演绎都是没有任何价值的。但是，如果把我们的社会科学研究工作变成了一种单纯的论证性思维方式，那就是有害的了。所以，我们应该虚心向马克思学习，在学习理论这件事上，要认真读文献的原文，特别是批判性地研究那些"第一手资料"，这是马克思主义理论研究的真功夫。真正有为者，决不应该成为论证性工具，而应该成为探索真理、真诚而积极的思想主体。

在我们对论证性思维的本质特征及其危害进行了研究之后，就可以对批判性思维与论证性思维的本质区别有进一步认识了。那么，究竟应该如何认识批判性思维的本质特征呢？从其基本表现形式来说，批判性思维是研究者的一种独立思考，是研究者的个人思考。这就是说，批判性思维是思想主体不依靠任何已有的理论结论，而是根据现实的客观事实和实际资料，严格地遵循科学原则进行独立研究，重新得出结论，并且要经过实践检验来确定这个结论的真理性。这就是说，在理论研究过程中能不能进行真正的独立思考，这是批判性思维与论证性思维的本质区别。那么，我们究竟应该怎样科学理解作为批判性思维形式的独立思考的认识论价值呢？

从论证性思维的研究过程可以看出，作为一种认识形式，它是一种有前提的认识过程，这里所谓认识过程的"有前提"性，是指研究的思想理论对象已经确定是正确的了，需要研究工作借助第三者的理论根据再一次论证它的正确性，正确的"结论"和正确的"论据"都是已有的，论证者不过是借用而已。这就是说，在整个的论证性思维过程中，研究者的论证完全没有独立思考的性质，因此，也就不可能阐述出超过他要论证的理论观点的新思想。这是因为，论证性思维是一种对肯定性结论的论证过程，而且是定向的、不可逆的论证。可以肯定，这样的所谓"理论研究"不会有什么思想价值。

批判性思维虽然有的时候可能产生某些的思想理论失误，但批判性思维的独立思考精神能够使整个思想理论研究充满创造性活力。如果没有独立思考精神，我们的思想理论研究不可能有什么创造性。相反，论证性思维虽然可以使研究工作保证"万无一失"，但是，它扼杀了研究过程中的独立思考，这就必然造成整个研究工作没有了创造性，思想理论界变得死气沉沉，因而不可能作出什么新的思想理论贡献。

批判性思维是一种无前提的认识过程，也就是说，你要研究的思想理论对象，究竟是正确的还是错误的，没有确定的结论。究竟是正确的还是错误的，这是需要研究者根据自己的研究作出判断的。也就是说，整个的研究是研究者自己作出独立判断的思维过程。就此，我们可以看出，批判性思维是一种真正的独立思考。批判性思维是一种无肯定性结论的认识过程，以独立思考为基础的研究开辟了思想自由探索之路，掌握了自由选择的思想追求权利。因此，独立思考反映了批判性思维的本质特征，这个本质要求决定了思想理论研究的创造性。正是这样的革命的批判性思维，为独立思考提供了科学认识论的理论基础，显示了这种科学思维方式的思想活力。

## 第六篇

# 平 等 的 多 元 性 思 维

    我们所生活的客观世界，从精神文明到物质文明，每一个主体都是独立、自主的存在，它们都是有平等的地位，这样，就形成了客观世界和主观世界的多元性。这就决定了在一种真正现实的思想世界中，任何一个思维主体，必须要真诚地承认其他思维者的平等、自由、独立的主体地位，因此，反映这样的现实精神世界的哲学思维方式，必然是一种平等的、多元性思维。可见，多元性思维是对客观世界本身多元性本质特征的一种反映。客观世界本身的多元性，本质上说明了现实世界充满活力，不断地发展，永远在更新。作为客观世界反映形式的多元性思维必然具有创造性本质，所以，在思想科学文化的运行中，如果不认真实行多元性思维，就不可能有思想科学文化的发展繁荣。

# 第十六讲
# 为什么必须以多元性思维取代一元性思维

随着科学技术的发展，包括文化的发展，人们的思维方式也在相应地发生一系列实质性的变化，这方面的一个突出表现形式是多元性思维的形成和发展，因而，人的思维的创造性价值将得到更加充分的发挥，将有力地提高人类的文明水平。当然，同时还要看到，人的思维方式有其惰性的一面，一些陈旧的思维方式仍然在发生消极影响，这其中的一个突出问题，就是传统的一元性思维在科学文化领域中的阻碍作用。所以，在社会的精神生活中以多元性思维取代一元性思维，已经成为哲学思维中必须科学解决的一个大问题，只有在现实生活中切实实行多元性思维，才能真正使我们的思想获得解放。那么，解决这个问题的关键是什么呢？首先是必须深刻揭示一元性思维的本质和弊端，然后在这个基础上，进一步科学地认识多元性思维的创造性本质特征，充分发挥多元性思维在文明发展中的积极作用。

那么，在现代社会的精神生活领域中，我们所称之为一元性思维的那种思维方式，其本质特征究竟是什么样呢？大体上有如下几种类型。

从思维方向上看，一元性思维是绝对单向的思维方式，表现为一种绝对的单向的价值选择。这样形而上学的单向思维，它的最大的问题是人在思维过程中失去了自由选择的可能性，因此，人的思想的创造性根本无法发挥。

从思维方式上看，一元性思维是单纯的线性思维，也可以称之为直线性的思维方式。这样的思维方式，由于思维的单纯线性特征，就会形成思维选择的单一性。可想而知，由于没有了思想选择的余地，人就无法发挥创造性。

从思想方法上看，一元性思维常常会使人们陷入形而上学的绝对化，即"非此即彼"。这可以概括为所谓的"两极化"思维，实际上是"单极化"思维。

与此相同的思维模式，是一种可以称之为"垄断性思维"的思维方式，它的本质特点，是把所有的"正确观点"都据为己有，除了自己的"正确观点"之外，其余所有的观点都是错误的。很显然地，"唯我正确"这个观点本身就是错误的。

一元性思维其主要弊端是思想专制、思想垄断，集中表现形式是"思想定于一尊"。这种思想专制、思想垄断类型的思维方式，产生于相应的特殊时代，就思维方式之特点而言，是以教条主义为基础的极左思想统治。

在古代中国，长期以来的封建专制主义统治使"独尊儒术"影响深远，儒家学者"以孔子之是非为是非"。这种"思想定于一尊"的状况对中国人的思维方式，起到了极为有害的作用。五四运动时期，对这样的思想禁锢曾经进行过猛烈冲击，激进思想家们明确提出，反对"思想定于一尊"。但是，这种顽固的思维方式，由于种种原因，仍然在不同程度上束缚着人们的思想，对社会发展起着消极的制约作用。

在人类社会的文明发展史中，无论是历史的还是现实的经验教训都说明，思想不可定于一尊。为什么思想不可定于一尊呢？从根本上说，这是由思想的本性决定的。什么是思想呢？关于这个问题，历史上的理论思想家和政治思想家们，从不同的角度做过不同的解释。这其中，美国心理学家、实用主义哲学家威廉·詹姆士（1842—1910）有一个独特的解释。詹姆士认为，人的思想有如下五个特点：思想总是个人的思想，这就是说，思想总是属于个人的，每个人的思想都是不同的；思想永远是变化的，也就是说，每个思想都是独一无二的，任何思想永远都

第六篇 平等的多元性思维

是新的，而不是僵化不变的；思想总是连续的，因为思想就是一种意识流，这就是说，人的思想是一个过程；思想必有不以思想为转移的对象，这就是说，思想的对象是客观的、实在的；思想总是有选择性的，总是与人的利益和兴趣相关的，也就是说，思想不仅要反映客观实在，而且也是人的主体能动性的一种反映，它表现着人的主观意向、需求、愿望等等。[1]

在这样的以个人主体为本位的思想状态中，就必然形成一种多元性思维，即思维的多元性。那么，应该如何认识多元性这个哲学范畴的形成和本质特征呢？我们生活的世界是简单一体的或者统一的，还是复杂多元的？对此，哲学家们曾经有过截然不同的看法。由于自然科学和社会科学的发展，人们对客观世界的认识越来越深刻，看到了它的内部复杂性，这样，就加深了关于宇宙、世界、人类社会内部充满了矛盾的认识，并且由此进行理性思维，形成了客观世界本质上的复杂多元性观念。从本质上说，多元性是一个哲学范畴，多元性是哲学思维的一种形式。

人类的认识过程揭示了一个事实，这就是现实世界以及它的每一个部分，都是一个矛盾体，于是形成了事物的内在多元性。可见，多元性是宇宙、人类社会、人本身内在矛盾性的一种表现形式。关于这个道理，哥德尔定理能够给我们以启示。哥德尔定理的经典表述：在任何一种内部一致（即无矛盾）的形式体系（数学或逻辑体系）中，必定有某种结构完整的命题是无法证实或证伪的；人无法在某系统内部证明该系统是内部一致的。[2] 很显然，这与多元性思维是相对立的，是一种单一性思维。哥德尔定理的这个道理告诉我们，如果一个人的思想是活跃的，特别是富于创造性的，那么，他的思想中必然是存在矛盾的，归根

---

[1] 参见吕青主编：《西方哲学简史》，陕西人民出版社2016年版，第204页。
[2] 参见〔英〕菲利普·斯托克斯著，吴叶韵译：《西方哲学常识》，中国友谊出版公司2018年版，第263页。

到底是多元的。因为，这样的多元思想使他在现实面前能够有比较多的选择机会；如果他的思想很单一，那么在他的面前就没有了可选择的余地。可以看出，多元的思想能够帮助人们在现实生活中开辟出广阔自由的天地。所以，思想的多元性这个哲学思维方式具有普遍的意义。

在马克思主义看来，思想是人的一种意识现象，是客观存在的一种反映形式，当然，思想这种意识现象与一般的意识现象还是有本质区别的。简单说来，所谓思想，就是在借鉴前人理论成果的基础上，通过总结实践经验，所形成的有价值的、独创的见解，思想的这个本质特征决定了它必然是多元的精神存在。同时还要认识到，思想的获得是一种学习和实践的结果，它反映了人们在认识过程中那些有突破性的新成果，它们各不相同，但都具有肯定性的价值，很显然，它们的价值的实现需要有一个多元的客观环境。这就是说，我们所生活的世界，从物质本源到精神产物都是多元的，所以充满了生机和活力。

指导人们进行创造性实践活动的功能，这是思想的特殊价值。对我们来说，这样的思想，就是马克思主义的真理。具体来说，就是我们每个人以学习和继承前人的理论成果为基础，在对自己的实践经验总结中所提出的独特思想见解，它是马克思主义普遍真理的体现。事实证明，在独创性思想的指导下，才能形成创造性的实践。所以，在学习和研究的过程中，形成自己具有独创性的思想，这就是我们学习和研究工作最主要的价值目标。

如果人们具有鲜明个性特征的思想，那就必然会形成独创性的思维方式。人们这种个性鲜明的主体精神及其独创性的思维方式，使他们勇于挑战权威、大胆接受新观念、敢于打破常规，就会富于创新能力，从而作出常人所不可能作出的杰出贡献。

充分认识思想的这一本质特点，对我们是有重要启发意义的。思维一元性或者一元性思维的本质特征是形而上学的极端性，有的时候表现为一种"两极化"思维。所谓"两极化"思维，实质上是一种"单极化"思维——思想专制主义，必然导致人们思想、文化包括意识形态的萎缩。比如在对待自由主义和保守主义的问题上，或者是自由主义，或者是保守主义，不能容忍其他的不同文化形态存在。

一元性思维或者思维的一元性，它的根本缺点是有可能使人的思想定于一尊，窒息了人们的思想的创造性。思想定于一尊，总是有害的。所以，我们坚决主张"思想不可定于一尊"。

为什么必须以多元性思维取代一元性思维？根本理由就是由于一元性思维的弊端决定的，也就是说，要去除一元性思维的弊端，必须以多元性思维取代之。为什么多元性思维能够克服一元性思维的这些弊端？这是由多元性思维的本质特征决定的。所以，我们应该科学地认识多元性思维的本质特征，充分认识多元性思维的肯定性价值。多元性思维的基础是思想的多元性。

要搞清楚思想的多元性的本质，我们应该首先从多元性这个范畴研究起，因为思想的多元性是整个世界中精神世界中多元性的一个组成部分，当然，精神世界的多元性，归根到底取决于物质世界的多元性，这就是说，精神世界的多元性是物质世界的多元性的一种反映形式。文明自然是与野蛮相对立的，野蛮的本质特征是独裁、集权，核心问题是剥夺人的独立、自主、自由等基本人权；相反，现代文明不论是政治文明还是法治文明，都是以人的独立、自主、自由、平等为本质特征的。前者，思想专制统一是其基础；后者，则是以思想的多元性为基础。

我们之所以强调在思维方式改造的过程中应该实行多元性思维，其客观根据何在？概括说来，这就是因为现代文明是以思想的多元性为基础的。这里所说的现代文明，主要是指现代社会的民主政治观即政治文明、现代社会的法治观即法治文明、现代社会的文学艺术观即文艺文明、现代社会的自然生态观即生态文明，政治文明实质是权力关系的文明原则，法治文明实质是法律关系的文明原则，文艺文明的实质是文学艺术流派之间关系的文明原则,生态文明即人与自然环境之间关系的文明原则,等等。那么,这样的文明建立在什么基础上呢?自然是正确的思想基础上,而这样的思想基础应该是什么样的,才能使现代文明得以建立起来呢?概括起来说,这个基础就是思想的多元性。思想的多元性之所以能够成为现代文明的哲学基础,首先决定于思想的本质特征和特殊功能。思想是一种哲学范畴,思想多元性是一种哲学术语,思想的多元性表明了思想的一种哲学本质特征。这就是说,是思想的多元性这种本质特征决定了它能够成为现代社会文明的哲学基础,正是在这个基础上,形成了人的思维方式的多元性,即多元性思维。

那么,究竟哪些思维方式可以称之为多元性思维呢?根据对这个问题的学术研究,大体上可以看到多元性思维的如下几种类型。

多元性思维的第一种类型被称为"两面神"思维。关于多元性思维比较早期的说法,在国外有所谓"两面神"思维,"两面神"思维也可以说就是多面性思维的意思。"两面神"思维的概念,是美国精神病学家A. 卢森堡最早提出的。他在调查访问了许多有创造性的人后,借用古罗马神话中的隐喻,而提出了这个概念。"两面神"是罗马的门神,它有两个面孔,一个是哭的,一个是笑的,能够同时转向两个相反的方向。卢森堡借用这个隐喻来说明思维的一种特殊的创造性是相当贴切的。卢森堡说:"'两面神'思维所指的,是同时积极地构想出两个或更多并存的概念、思想或印象。在表面违反逻辑或者反自然法则情况下,具有创造力的人物制定了两个或者更多并存和同时起作用的相反物或对立面,而这样的表述产生了完整的概念、印象和创造。"[1] 他认为在科学研究中,越是高级的创造,越显示出科学创造的"两面神"性质。

通常认为,科学家对"两面神"思维情有独钟。当然,艺术家善用"两面神"思维。比如埃舍尔这位著名的艺术家,他把有限与无限的潜

---

[1] 舒炜光:《爱因斯坦问答》,辽宁人民出版社1983年版,第142页。

在冲突联系在一起形成的矛盾图形，还有匈牙利著名设计师沃里兹，他最感兴趣的也是矛盾图形的探索和创新，他通常在一幅画里表达双重或多重含意。当人们在近距离凝视他的作品时，可以看到一个完整的主题，而当人们拉开距离观察或倒置图形后，又会看到另一幅情景。

科学创造中的"两面神"思维与艺术创作中的"两面神"思维之区别在于：艺术创作可以构思出世界上并不存在的事物（反逻辑的、反自然法则的），如同时哭、笑的塑像。而科学家构思的新概念也是反逻辑的（即违反旧的理论体系的逻辑），但这种新概念实质上却又恰恰最符合自然的法则和规律。科学家也对"两面神"思维情有独钟，而且同样"运用之妙，存乎一心"。世界著名物理学家爱因斯坦等，都是运用"两面神"思维的大师。

创建狭义相对论时，爱因斯坦把静止和运动、同时和不同时有机地结合在一起，把时间和空间概念统一了；在把动量守恒与能量守恒定律联结起来后，又揭示了能量和质量的统一。在广义相对论中，他的"两面神"思维达到了炉火纯青的地步，惯性和引力、惯性系和非惯性系，这些对立的概念和矛盾都能和平相处，他非常理解把对立的或相反的东西统一起来会产生奇迹。他非常善于从对立中找到统一，从不平衡中找到平衡。爱因斯坦科学方法的总体特征也就在于他能协调理论与情感、逻辑与非逻辑、经验和理论这样一些对立的东西。

可以看出，这里所说的"两面神"思维，实际上也可以说是"多面神"思维，它把多种互相矛盾的、没有逻辑关系的认识因素，在对立统一的思维框架中结合为一种全新的思维模式，在更高的理论层次上显示了人的思维创造性能力。

多元性思维的第二种类型称之为"横向思维"。横向思维是相对于纵向思维而言的。传统的纵向思维，是一种按照固定的逻辑、思维方式等，依据已有的固定范畴、理念、推理方式等，严格遵循确定的思维方向，集中于一点，排除一切与此不相干的因素，沿着正确的方向进行思考，以保证思维结果的正确无误。

不能说这个思想方法是不对的，在通常情况下，这种形式逻辑的思维方式对保证论证的正确性是必要的；但是，这种思维方式的刻板、僵化、单一性质往往会窒息人们的创造精神。

与传统的纵向思维不同，横向思维在本质上不是一种常规性质的形式逻辑思维，而是具有非常规性质的辩证思维方式，因而是有利于发挥人们的创造精神的一种特殊思维方式。比如在纵向思维中，人们的思维进程要保证没有错误出现，而在横向思维的进程中，人们出现错误的可能性是存在的；在纵向思维中，为了使思考集中于一点，人们必须选择与本题相关的信息资料，而在横向思维的过程中，人们可以根据自己的实际需要，自由地选择各种有关的信息资料；纵向思维一定要遵循必然性的逻辑规律，按照既定的思维方向进行思考，而横向思维则可以不遵循这些逻辑规律，不一定按照既定的思维方向进行思考；纵向思维是一种按部就班的、循序而进的常规性思维，而横向思维则是有偶然性因素参与其中的一种非常规的思维。实际上，人们往往是在非常规的思维中发挥了自己的创造性精神。

多元性思维的第三种类型称之为"逆向思维"。

什么是"逆向思维"呢？美国学者德姆·巴雷特在其所著的《逆向思维：释放你潜在的创造力》一书中对这个问题进行了认真的探讨，他提出了如下观点。

反向思维的艺术可以简单地表述为：把你的思想从常规中摆脱出来。简言之，就是要开动脑筋，冲出俗套。

反向思维的艺术包括训练你的大脑朝一般的大众舆论相反的方向进行探索；但是，要以当前所发生的事件和人们所表现出的行为来衡量你的结论。

所谓反向是指你与那些显而易见的东西相对立，要做到这点往往是不容易的。

## 第六篇 平等的多元性思维

很少有人费神去看待问题的正反两个方面——确实，对问题的一个方面做认真思考的人为数也不多。

运用"对立的方法"在于透彻地思考某一特定的难题，以便获得一种与众不同的解决难题的新途径。[①]

从这些观点中我们可以看出，德姆·巴雷特所谓的"逆向思维"或者说"反向思维"，实质是在事物的对立面统一中来思考问题，它否定了任何认识只有一个思路、一种逻辑顺序、一种肯定性结论那种单向的思维方法。他认为，这种"逆向思维"在本质上是一种创造性的思维方式，所以运用逆向思维能够释放出你潜在的创造力。

我们从一些富于创造性能力的人那里，可以看出他们在思维方法上具有一个明显的特点，就是能够摆脱习惯力量的束缚，以一种突破常规的新思路提出一般人看来"违背常识"的一些独特见解，拿出与众不同的甚至是惊世骇俗的举措来。恰恰是这样的"逆向思维"，才能在积重难返的情况下，打开新局面。

现实社会实际上常常是充满了"悖论"的世界，那种单向的发展结局、一厢情愿的前途是十分罕见的。所以，思维方式的单向性常常会使我们陷入尴尬局面。实践证明，这样的"逆向思维"，对激发我们的思想活力、增强我们的创造性能力有特殊的价值。这里的关键在于，我们能不能破除僵化了的思维定式。要做到这一点，根本的出路就是克服形而上学的束缚、用辩证法来改造我们的思维方法。

比如在研究一个项目的实施过程中，人们习惯于进行"可行性研究"，这当然是一个重要的研究方法；但是，这种方法的思想倾向性是单一的，它的这个思维特点使决策者们的思路按照一个方向，竭力为证明方案的正确性而寻求证据。实际上，"可行性研究"本身应该包含着"不可行性研究"。显然，当我们的"不可行性研究"失败了的时候，就

---

[①] 〔美〕德姆·巴雷特著，刘永涛译：《逆向思维：释放你潜在的创造力》，上海人民出版社1999年版，第6—7页。

是"可行性研究"成功之日。

　　许多问题的研究结果并非只有一个正确答案。多元性思维方式的创造性不但反映在研究方法的选择上，而且也反映在研究结果的追求上。我们知道，同一个问题可以选择用不同的研究方法去探索，可想而知，不同的研究方法可能得出相同的答案，也可能得出不同的答案。在大多数的科学研究领域，人们追求的问题答案没有唯一性。我们由此可以进一步说，对许多问题的解决，并不存在着唯一正确的答案。坚持对某个问题研究的结果只能有一个正确答案，可能是一种线性思维，非线性思维即多元思维，则承认世界上的问题并非只有一个正确答案，或者说，可能会有多个正确答案。这反映了多元思维创造性的本质特征。

　　此外，还有人常常习惯于研究"成功学"，这自然是必要的，因为历史上那些伟大事业成功的范例是人们取得事业成功的经验宝库。但必须知道这样一个事实：每一个成功都是以无数的失败为代价的。就这一点而言，失败的教训甚至比成功的经验更宝贵。所以，不少人已经意识到了一个真理：研究"失败学"比研究"成功学"更重要。

　　现在的世界千变万化，随着人类进入宇宙太空，开辟了更加广阔而多元的时间—空间世界。所以，物质世界和精神世界存在和发展的多元性必然反映为人的思维的多元性。

　　思想文化、意识形态多元并存的生态系统是马克思主义理论发展的必要精神环境。这是因为，任何社会都不可能是某种单纯的、单一的思想文化存在，而必然是有生命力的、不断发展着的、多元并存和平等竞争的思想文化结构，形成一种充满活力的思想文化生态系统。多元并存和平等竞争的思想文化、意识形态生态系统，是现代社会发展的精神基础。这样的多元并存的思想文化生态系统，必然充满了不同思想文化形态的矛盾、冲突、竞争。这也是多元并存思想文化、意识形态生态系统之所以有活力的根本原因之所在。因为，各种思想文化、意识形态正是在矛盾、冲突、竞争、融合中才能不断向前发展。

## 第六篇 平等的多元性思维

所谓多元并存的思想文化、意识形态生态系统的实质，是不同质的思想文化、不同时态的思想文化、不同地域的思想文化，平等存在、竞争发展，才能共同繁荣。须知，这样的繁荣是以人的创造性思维为前提的。这是多元性思维创造性的本质之所在。

中国历史上，自汉代开始"独尊儒术"，把其他文化都斥之为异端，形成几千年的儒家思想专制局面，对中国的文化发展以至经济、政治发展都造成了严重的危害。这其中值得我们认真研究并借鉴其思想价值的，是在中国古代的春秋战国时期学术界曾经出现过"百家争鸣"的局面，对古代中国的文化繁荣起了积极的推动作用。所谓"百家"是指思维主体，各成"一家之言"，所以，"百家争鸣"实际上是一种多元思想竞争的局面，在思想竞争中特别是尖锐的学术论战中，激发人的思维的创造性。

关于贯彻"双百方针"对社会发展的特殊思想价值问题，我们还可以从苏联共产党和社会体制解体的历史教训中获得一些思想启发。大量的事实说明，苏联在社会存在和发展的过程中，特别是在它的后期，文化和政治之间的矛盾日益深刻，而政治体制本身的各种弊端又使它无法解决这样的矛盾。因此，政治和文化之间对抗性矛盾的进一步激化就成为导致政治体制本身瓦解的重要原因之一。从苏联产生到解体的过程中，政治和文化之间的矛盾为什么这样突出，并且最后变得不能相容了呢？根本原因之一，就是社会文化的多元性本质与政治体制高度集权性之间的尖锐对立。最后，导致了政治经济体制的全面崩溃。这就是说，思想文化、意识形态的多元性本质与政治体制高度集权性的尖锐对立——苏联解体的根本原因之一。

"双百方针"对科学文化繁荣之所以如此重要，这主要是因为它能够比较充分地保证科学文化工作者的特殊性质的精神需要——个人自由的、创造性的劳动。我们知道，作为人的精神劳动的科学文化工作，特别是科学研究、文学艺术等方面的创造性工作，是一种具有开创性的事业，而这样的工作的成效究竟如何，则要取决于这个领域中劳动者个人究竟具有什么程度的主动性和创造性，而他们会具有什么样的主动性和创造性，归根到底要看他们作为科学文化工作主体究竟获得了多少个人自由。实践证明，我们必须全面理解和正确贯彻的"双百方针"，恰恰是以解决这个问题为目的的，即使科学文化工作者个体，能够获得更多的个人自由，从而更加充分地发挥他们的创造精神。

毛泽东曾指出："现在春天来了嘛，一百种花都让它开放，不要只让几种花开放，还有几种花不让它开放，这就叫百花齐放。百家争鸣，是说春秋战国时代，有许多学派，诸子百家，大家自由争论。现在我们也需要这个。"[①]

邓小平在全国科学大会开幕式上的讲话中明确提出："许多事情，比如对学术论文的评价，科学技术人员业务水平的考核，研究计划的制订，研究成果的鉴定，等等，都应该充分发扬民主，走群众路线，广泛倾听有关科学技术人员的意见。对于学术上的不同意见，必须坚持百家争鸣的方针，展开自由的讨论。"[②] 他在中国文学艺术工作者第四次代表大会上的祝词中重申："坚持百花齐放、推陈出新、洋为中用、古为今用的方针，在艺术创作上提倡不同形式和风格的自由发展，在艺术理论上提倡不同观点和学派的自由讨论。"[③]

在这些总结中，我们能够更加深刻认识到文化建设特别是文学艺术和科学研究工作，尤其是其中涉及的学术问题，必须通过自由探索、自由讨论，关键是必须具备个人的独立思考。正如邓小平在中国文学艺术工作者第四次代表大会上的祝词引用了列宁的一段话："绝对必须保证有个人创造性和个人爱好的广阔天地，有思想和幻想、形式和内容的广

---

① 中共中央文献研究室编：《毛泽东年谱（一九四九——一九七六）》第2卷，中央文献出版社2013年版，第574页。
② 《邓小平文选》第2卷，人民出版社1994年版，第98页。
③ 《邓小平文选》第2卷，人民出版社1994年版，第210页。

阔天地。"① 邓小平强调指出："党对文艺工作的领导，不是发号施令，不是要求文学艺术从属于临时的、具体的、直接的政治任务，而是根据文学艺术的特征和发展规律，帮助文艺工作者获得条件来不断繁荣文学艺术事业，提高文学艺术水平，创作出无愧于我们伟大人民、伟大时代的优秀的文学艺术作品和表演艺术成果。"② 他特别强调说："文艺这种复杂的精神劳动，非常需要文艺家发挥个人的创造精神。写什么和怎样写，只能由文艺家在艺术实践中去探索和逐步求得解决。在这方面，不要横加干涉。"③

长期以来的科学文化建设实践证明，文化和科学的发展、繁荣，特别是文学艺术、科学研究创造性精神劳动，一个必要条件是要有一种多元竞争的、平等发展的文化生态环境。在我国，这种社会环境的形成的一个必要条件是"百家争鸣，百花齐放"方针的切实贯彻执行。

中外历史上文化发展的经验教训都告诉我们一个真理，即在文学艺术创作和科学研究中，如果没有真正形成一定数量平等并存的学派就不可能有学术的繁荣。在当前我国的学术界，并没有形成真正的学派，原来有一些学派，由于这样那样的原因，正在枯萎下去。所以，如果我们真心实意地要使社会主义文化繁荣起来，就应该继续解放思想，积极鼓励和扶持不同学术流派的健康发展。这是发展和繁荣社会主义的科学文化一个不能回避的问题。

还有一个问题必须指出的是，"百家争鸣，百花齐放"方针实际上包含了这样一个思想，即文化作品是非、好坏的检验标准，只能是社会实践，既然如此，对任何一种作品的评价都要经得起历史的考验。这就否定了对文化成果检验标准的主观性，排除了对文化工作的各种各样政治的、行政的干预。很显然，这对文化工作者的特殊精神劳动来说是一

---

① 《邓小平文选》第 2 卷，人民出版社 1994 年版，第 210—211 页。
② 《邓小平文选》第 2 卷，人民出版社 1994 年版，第 213 页。
③ 《邓小平文选》第 2 卷，人民出版社 1994 年版，第 213 页。

种思想上的解放。而对文化工作者的创造性劳动来说，这是至关重要的事情。

毛泽东在《关于正确处理人民内部矛盾的问题》中就明确指出："艺术和科学中的是非问题，应当通过艺术界科学界的自由讨论去解决，通过艺术和科学的实践去解决，而不应当采取简单的方法去解决。为了判断正确的东西和错误的东西，常常需要有考验的时间……因此，对于科学上、艺术上的是非，应当保持慎重的态度，提倡自由讨论，不要轻率地作结论。我们认为，采取这种态度可以帮助科学和艺术得到比较顺利的发展。"[1]

人类社会的学术思想发展史、文学艺术发展史、自然科学和社会科学发展史都一再说明，在科学和艺术发展中不同学派的形成和发展，是学术进步的一种客观要求；以自由、平等学术争论为基础的学派繁荣局面，是学术发达的一个重要标志；开展不同学派之间自由平等的学术争鸣、争论、论战是思想深化、理论创新的一种重要动力。这正是我们在肯定意义上所谈的学派意识的价值。所以，在各种理论观点的竞争中、在不同思想流派的论争中去深化自己的思想，提高自己的理论水平，这应该成为我们发展和繁荣艺术、研究和发展马克思主义科学理论的一个基本思想方法。

---

[1] 《毛泽东文集》第7卷，人民出版社1999年版，第229—230页。

## 第十七讲
## 科学认识和处理思维中的矛盾，
## 不断提高思想方法论水平

多元性思维的提出，实际上就是在承认人的思维中存在矛盾，比如在思想理论领域中不可能是整齐划一、千篇一律的，通常的情况下，总是存在着那些所谓的"正确观点""错误观点"，对此，自然需要认真分析，实事求是地给予评价。至于那些所谓"不同观点""反对观点"和"敌对观点"，更加需要重视。应该看到的是，由于存在着那些"不同观点""反对观点"和"敌对观点"，由此形成了思维领域中的矛盾。实践证明，能够科学认识和处理思维中的各种矛盾，能够形成辩证法的开阔理论视野，这对于不断增强思想能力、提高思想方法论水平来说，是一种至关重要的思维途径。这里的关键，是应当切实运用多元性思维来观察和研究思维领域中的这些思想矛盾。

在理论研究中，特别是在马克思主义的理论研究中，如何对待"不同观点""反对观点"和"敌对观点"，是一个至关重要的事情。总的要求就是要平等、认真、科学，而这其中的关键问题是能不能运用辩证法的思维方式对待各种思想矛盾。善于正确认识思维中的矛盾，科学地解决思维中的矛盾，这是一种辩证法的开阔理论视野，是思想创新、提高哲学思维方法论水平的一个不可或缺的重要途径。

首先，我们谈一谈应当如何科学认识"不同意见"的本质和特殊价值的问题。先提出一个哲学思维性质的问题，那些"不同意见"的特殊宝贵价值究竟在哪里呢？这里，我们对"不同意见"本身作一些具体的分析。

所谓"不同意见",是由于人们的实践经验不同、社会地位不同、看问题的角度不同,对同样的问题所提出的各不相同的见解。在这些意见中,有一些不一定完全正确,很可能有片面性,但是,它们看到了别人所没有看到的东西,从而可以使意见更全面一些;另一些不同意见则从一个特殊的角度发现了某种错误,这样的不同意见,就能够发挥"纠正错误"之功用。当然,其中的一些不同意见很可能是完全错误的,意见本身没有参考价值,但是,既然它们被提出来,那么,我们就应当思考这样的问题:这个不同意见为什么会是错误的呢?自己的意见应该如何去避免这样的错误呢?这样的思考过程就能够使自己从反面吸取教训,这也可以说是不同意见的一种特殊价值。

从意义这几个方面的分析中,我们可以看到,不同意见的特殊价值就在于能够使我们考虑问题更全面一些,比较快地发现问题并能很快地纠正。

其实,我国古代一些政治家也懂得这个道理。比如"兼听则明,偏信则暗"。这里所说的"兼听",就是要听不同意见的意思。又如"广开言路",也是要吸纳不同意见,使自己更明达起来。相比之下,现代的人们对这一点的认识水平已经达到更高的层次,而且在实践上也更加自觉了。我们甚至可以这样说,"广开言路"吸纳"不同意见"是现代政治文明的一个本质特征。

在这里,我们还应该说明的一点是,人的思想智慧的确存在于不同意见之中,但问题在于我们能不能认真听取不同意见,是不是善于吸取不同意见中的有价值因素,而这往往取决于我们是不是用辩证法的头脑去对待不同意见。

其次,我们再谈一谈如何科学认识"反对观点"(或者称"反对意见")的本质和特殊价值的问题。我们强调要认真对待不同观点,这其中的一个尖锐问题是能不能耐心认真地对待那些激烈的"反对观点",

需要解决的思想认识问题是应该科学认识、真正明白"反对观点"的本质和特殊价值。在这个问题上，我们可以从中国古代政治传统中的一些有价值因素中吸取可资借鉴的思想。

中国古代的君主为了巩固自己的政权，一般都设有谏官一职，这些谏官也称为诤臣。据《孝经》记载："昔者，天子有诤臣七人，虽无道，不失其天下；诸侯有诤臣五人，虽无道，不失其国；大夫有诤臣三人，虽无道，不失其家；士有诤友，则身不离于令名；父有诤子，则身不陷于不义。"① 这些谏官或者诤臣是干什么的呢？是专为"谏诤"之用的，用现在的语言表达，就是专门为提反对意见而设的官职。

所谓谏诤，一般都是指臣子对君主而言的，其主要内容就是臣子对君主的决定或者决策，用据理力争的方式恳请君主改变主意或者收回成命。谏诤的目的是使君主没有失误，继续保持"英明"，而为臣者的谏诤之举，有些人口里说是为了江山社稷，但是，实际上是为了表示自己对君上忠心耿耿而已。不过，在封建社会里这种谏诤之风一直是被传为美谈的。

从表现形式上看，这里所说的"谏诤"，也就是臣子对君主提反对意见。当然，一般所提的都是事关重大问题的反对意见，而且，大多数情况下都是一种反对意见，有一些谏诤表现得很激烈，甚至还发生过"以死相谏"之类的极端情况。当然，大多数情况下是对君主进行劝说式的谏诤。有一些封建君主从维护自己的统治这个目的出发，对谏诤的价值有所认识，还设立了谏官这样的职务。中国史书上曾经盛赞过唐太宗"从谏如流"的英明之举，而且史家认为，唐太宗开创的"贞观之治"，与此是有关系的。

因为谏诤是臣下对君上提反对意见，是批评君主，在君主专制时代，那些正直之士的谏诤之举是有危险的。所以，臣下必须"以道事

---

① 卢付林注译：《孝经·忠经》，崇文书局2012年版，第43页。

君,不可则止"。这就是说,臣子对君主提反对意见,既要坚持原则,又要注意方法,适可而止。而且在进谏的过程中要先取得君主的信任,再进行谏诤,否则就可能被认为是在对君主进行诽谤,那下场就可想而知了。

在这里,我们强调要认真对待反对意见的特殊意义,不仅是因为反对意见本身具有特殊价值,更重要的是究竟应该怎样对待反对意见。我们可以想象得到,两种对立的观点必然产生激烈交锋。不同观点的交锋,本身就是双方思想升华的过程,正是从中获得智慧的绝好机会。

对于这一点,英国大哲学家休谟的见解极为深刻,他说:"哲学需要完全的自由甚于需要一切其他的特权,它的繁荣主要地是各种意见和议论可以自由对抗。"① 事实证明,能不能科学对待反对观点,对我们的哲学思维能力是一个重要考验。

再次,我们系统谈谈应该如何科学认识和正确对待"敌对观点"的本质和特殊价值这个问题。

在对各种思想观念的思考研究中,我们必然会发现这样的情况,即在那些不同意见中实际上包含有一些"反对意见",就马克思主义的对立面而言,必然存在着某些"反马克思主义"的观点,这就是"敌对观点"。

"反对意见"在促进思考、纠正错误、增强思维能力上有着特殊的价值。这里,我们要研究的是"反对意见"中的一种特殊类型,即"敌对观点"的特殊价值问题。我们对敌对观点,究竟应该怎样对待呢?毛泽东曾说过:"凡是敌人反对的,我们就要拥护;凡是敌人拥护的,我们就要反对。"② 需要知道,毛泽东 1939 年 9 月说这句话的时候,是有历史背景和特定政治环境的,他说的"敌人"是指抗日战争时期投降日本侵略者的汉奸汪精卫及其卖国主张。可见,毛泽东当时说的"敌人反

---

① 〔英〕休谟著,吕大吉译:《人类理智研究》,商务印书馆 1999 年版,第 122 页。
② 《毛泽东选集》第 2 卷,人民出版社 1991 年版,第 590 页。

对的""敌人拥护的"都是有具体特定内容的，不是一种泛泛而论，因此，不能做形而上学的理解，更不能把他的这句话当作一种公式来套用。对"敌对观点"的科学态度，是对我们实事求是思想作风的一种考验。

从一般的政治学术语来看，所谓"敌人"，即与我们在政治上或者思想理论上，是势不两立的，甚至可以说是"你死我活"的关系。至于"敌对观点"，性质也应该如此。所以，一说到"敌对观点"，许多人很快就会意识到"这是个政治问题"，而一提到政治问题，人们立即就会警觉起来，这可是需要认真对待并且要态度鲜明的事情了。

世界上没有永远的敌人，也没有永远的朋友，只有永远的利益，我们自己的人生阅历也说明了这个道理。岁月沧桑，有些昔日的"敌人"，如今有了正常的交往，至于当年的那些"朋友"，许多人已经面目全非了。更重要的是，由于利害关系的变化，大家对当年的那些"敌对观点"也能够比较客观地评价了。在这样的情况下，研究"敌对观点"的价值问题就是一件有益的事情。不过，这里的一个关键是要克服形而上学的极端思维方式，善于运用辩证法的思维方式——多元性思维。

在如何对待"敌人"和"敌对观点"的问题上，曾经有过一种说法，就是要把敌人作为"反面教员"、把敌对观点作为"反面教材"，用来教育我们的人民和干部。在大多数情况下，这样的做法，的确能够体现出"敌人"和"敌对观点"对我们的价值，因为它们能够从反面给我们以教育，告诉我们"什么是错误的""什么是正确的"。但是，这种做法本身，实际上有了一个已经设定的单向"思维定式"——"我们是正确的""敌人是错误的"，"敌对观点"的价值只能是"反面"的。这样的"思维定式"决定了我们对"敌对观点"本身的实际价值，很难有客观的认识。这就是"利用反面教员"做法的一个明显思维方式缺陷了。

这里说的对"敌对观点"的价值很难有客观的认识，不是说肯定是错误的认识，因为有一些"敌对观点"在客观上很可能完全是谬论，出于敌对者的利益,甚至是恶意的歪曲、诽谤。但是,不应该把所有的敌对者都设想为愚蠢的人,在他们之中也不乏个别明智之士,就此而言,敌对者对我们的攻击、反对,其观点未必都是荒谬的,为了他们自身的利益,可能揭露出了我们的某些弱点、缺点,甚至还可能击中了我们的要害。

如果认真研究世界政治发展史,我们可以得出这样的结论:那些伟人的成长,得益于他们有一个强大的敌人;或者说,是强敌造就了伟人。同时我们也可以得到这样的结论:一个自命不凡的人,如果他没有一个高水平的敌对者,那么,这个人的结局注定也是很可怜的。我们应该承认这样的事实:能够公开地在自己的敌人面前承认错误,这不但需要非凡的勇气,而且也表明他是真正的强者。

可能会有人认为,怎样对待敌对观点,这是个立场问题,无论如何对敌人是不能肯定的。其实,在认识论上这是荒唐的,而在政治上则是愚蠢的。因为这种形而上学的思维方式堵塞了我们自己认识真理的一条道路,或者说,失去了一个改正错误的特殊机会。历史上的一些大思想家之所以能够在学术上有创造性的贡献,其中的一个重要原因是他们有辩证法的思维。

这就是"敌对观点"的特殊价值。所以,在如何对待"敌对观点"的问题上能够看出我们的思想水平。同样,对我们究竟是不是真正坚持实事求是的哲学原则来说也是一个重大的考验。

在中国近代社会的发展中,自由主义、保守主义、社会主义、三民主义等都起过自己的历史作用。从历史的发展来看,自由主义文化思想是社会走向民主和法治的一种不可缺少的文化因素。

这里还有一点要说到的是,就是那些看起来是不正确的思想,有时也会起着一种特殊的思想校正和制约作用。如保守主义可以对自由主义起到一种制约作用。

没有不同思想文化、各种意识形态的博弈——冲突与融合,就没有进步的动力。这也是马克思主义发展的基本规律。在一定意义上可以说，马克思主义之所以具有强大的生命力，因为它有着需要认真对待的强大思想敌人。

正确的思维方式就是要从实际出发，实事求是地研究问题。应该承认，无论是当代中国还是当代世界，思想文化界都是一种多元的生态环境。从这样的客观实际出发，实事求是地研究问题，就自然要采取多元的研究方法，这是唯物辩证法思维方式的根本要求。

不少人总是有一个思想特点，即他们阐述自己的观点时，总是要用很大的篇幅说明自己的观点是如何受到拥护，以此来证明自己观点的正确性。当然，这无可厚非，但遗憾的是，他们很少提到在形成这个观点的过程中，曾经有过什么样的不同意见，而根据这些不同意见，对自己的观点进行了什么样的修改。实际上，恰恰是因为有了不同意见，才使他们的观点显得更加真实，而且正是不同意见才是更有价值的。设想一下，如果没有这些不同意见，自己原来那些不准确、不全面、不明确的部分，怎么会得到修正呢？

什么是个性？通常认为，个性是人的一种心理现象，人的个性是通过其需要、动机、兴趣、理想、信念等表现出来的，而人的个性心理特性则表现为不同的能力、气质、性格、风度等。所以，如果从人的心理倾向性上看，个性可以说就是每个人的独特性，即个人不同于他人的东西，或者说是个人品格的各个方面（智慧、能力、气质、品德等）的综合表现。人的个性是其自主性、能动性的一种表现形式。

在现实生活中，我们发现，那些个性鲜明的人往往会表现出一种独特的个人风格，在社会公众中产生深刻的影响。中国当代伟大的政治家中，不乏这样的例子。概括说来，个性是作为个体的现实人所具有的独特性，或者说是作为主体的个人一些特有的秉性。哲学家认为，个性与人的社会存在是联系在一起的。这就是说，个性不但是现实个人的生理差别和心理差别，而且更重要的，它是人作为社会主体的本质规定，个性是人类自由的具体实现形式。从肯定的意义上说，人的个性的本质是人对自由进行追求的一种表现形式，或者说，人的个性作为其自我意识，它的最深处就是人类最高贵的东西——自由。人们之所以珍惜个性解放、追求个性自由，是由个性的特殊价值决定的。

人的个性是通过每个人的思维方式和行为选择方式而反映出来的。一个有个性的人，他的思维方式和行为选择方式，常常会是与众不同的。人的个性的这个特殊表现方式的实质是什么呢？创造性，或者说是人的思维方式和行为选择方式的独创性、原创性。随着社会的不断发展，我们越来越深刻地感受到，以具有鲜明个性特征的思想为基础的创造性是人世间最宝贵的精神财富。

在认真研究历史上和现实中那些富于创造才能的人物时，我们常常可以发现，他们的个性不仅异于常人，而且特别丰富和复杂，甚至在他们的个性特征中还包含着某种矛盾的因素。但是，恰恰是这个原因使这些人极富想象力，而正是丰富的想象力焕发出了他们的创造天才。相反，那些所谓"稳妥""周到""循规蹈矩"的人，倒很可能是一些想象力贫乏的平庸之辈。对此，著名心理学家荣格曾经表达过极为深刻的见解，他说，具有创造个性的人，在思想和行为中表现出各种相互对立的特征，这种两极对立的特征在具有极高创造才能的人的身上表现得尤为强烈。[1]

对人们的某些极端的个性我们应该加以分析，而不能一概而论，在对待这样的人的时候，必须特别谨慎，千万注意，不要因为难以接受他们的特殊个性，而扼杀了难得的奇才。

正是在这个意义上，我们会越来越深刻认识到，任何一种进步文明的社会，其思想文化、意识形态的一个重要特征就是，具有最大的包容性，对不同观点的平等精神。

---

[1] 参见李醒民：《科学的精神与价值》，河北教育出版社2001年版，第176页。

一个真正的民主、自由的社会，应该是一个有不同思想、不同声音的社会，一个能够听到不同意见、批评声音的社会。这就是社会的活力和生气之所在。听不到批评声音的社会不是一个真实的社会，是没有生气的社会。

从实际的政治生活中，我们还能够发现，究竟如何对待反对意见是民主政治建设中的一个大问题。现代民主政治的一个前提，是有不同意见、不同派别，特别是有反对意见、反对派别存在，否则，说要实行民主，那就是无的放矢了。所以，如果有一个人说他那里绝对没有不同意见、更是没有任何反对意见，那么，可以肯定，他所说的"民主"是假的。

对一个人来说，能够认真听取各种各样的不同意见，这对他们自身是有特殊价值的。那么，如果这样的不同意见以比较尖锐的形式出现，这就是我们所说的"反对意见"了。事实证明，反对意见具有更加特殊的价值。不过，对这个问题需要用辩证法的方法去理解。

这些反对意见为什么是有特殊价值的呢？它们的特殊价值又是什么呢？这里的关键是在这个"反对"之中。面对主导意见能够表达不同意见，特别是能够表达明确的反对意见，是需要勇气的。同时，这些反对意见的形成，也必定是一个自由思考的思想成果，而自由地思考本身就必然是一个创造性的思维过程，这样的思维过程必然形成反对者的一些特别观点，而这些特别观点则是他们自由地思考的智慧结晶。这就是反对意见的宝贵价值之所在。

第七篇

# 从开放性思维到自由的哲学思维

　　自由意识的本质,其实质性的内容是多元性思维与开放性思维。这一点,在前面关于多元性思维的研究中我们已经有了认识。接下来,我们将在多元性思维研究的基础上,主要研究开放性思维的本质特征和价值,进一步阐明作为哲学思维的自由的本质和价值。我们可以看得越来越清楚,必须在实行多元性思维、抛弃一元性思维的基础上,全面实行开放性思维,取代保守封闭性思维,这样,我们才能够真正实践作为哲学思维最高形式的自由意识。

## 第十八讲
## 打破保守封闭性思维束缚，
## 创造开放性思维的思想新天地

  封闭性思维的主要弊端是封闭性思维必然导致人的思想的形而上学绝对化。中国封建帝国的一个基本特征，是社会体制的保守封闭性质，并由此而形成了一种保守封闭性的思维方式，这就是封闭性思维。经过民主主义革命，特别是经过社会主义革命和社会主义建设，我们从根本上改变了由封建社会所造成的那种闭关锁国状态，思想方法论开始由严重的保守封闭性质逐渐走向自由开放；但是，那种带有封建特点的僵化封闭的思想方法论，特别是封闭性思维，还在严重束缚着一部分人的思想。

  不言而喻，思维方式的开放性，是相对于思维方式封闭性而言的。在一定意义上说，开放性思维方式与封闭性思维方式是根本对立的，思想发展史证明，思维方式从封闭走向开放，这是哲学思维方法论的一种深刻变革。因此，要真正深入认识开放性思维方式的本质特征及其价值，就有必要认真研究封闭性思维方式的实质和主要弊端。

  在整个外部世界面前，实行盲目的自我封闭会使自己的思想与人类文明发展的历史潮流隔绝开来，从而窒息了自己的思想发展，必然日益落后甚至僵化。这样自我封闭的思维方式在一些重大的理论和现实问题的研究中，常常表现出一种形而上学绝对对立的思维方法论。封闭性思维方式这样的本质特征，必然形成思想上的自我封闭，从而自觉或者不自觉地与外界隔绝，自然而然地养成一种极为有害的盲目排外主义。

比如，在社会主义与资本主义的关系问题上，把二者看作是绝对对立的东西，也就是说，无论是作为思想体系还是作为社会制度，社会主义与资本主义都是根本不相容的。如果我们认真研究一下近代文明史，就可以明白，这是对社会主义与资本主义这两种思想体系和两种社会制度之间历史关系的无知，因为在历史的发展过程中，资本主义与社会主义是人类文明发展的不同历史阶段。资本主义曾经是人类文明发展的一个具有革命性质的重要历史阶段，正如资本主义是由封建主义社会里生长起来的一样，社会主义也是由资本主义发展而来的。这就是说，资本主义本身是一种开放的社会体系；同样的，社会主义也是一种开放的社会体系。这不仅意味着社会主义具有历史的开放性，它对未来也是开放的——社会主义的发展，必然是面向世界、面向人类的文明发展前景。社会主义社会的开放性，表明它是一种彻底发展着的人类文明历史阶段。

总而言之，封闭性思维的人总是在一种绝对不能相容的对立中思维着。这就是说，封闭性思维必然导致人的思想的形而上学绝对化。所以，这些人实际上是把自己束缚在一个自己设计的封闭性思想牢笼之中，本质上是作茧自缚，与外界的一切都隔绝着。

封闭性思维的恶劣影响是封闭性思维必然导致人的思想方法形而上学"模式化"。

那些形而上学思想方法根深蒂固的人在研究任何问题之前，都要根据某种意图，预设出一种主观的框架、样板或者规矩，作为思维的固定"模式"，然后让人们在这个固定"模式"里去思考问题，防止研究发生什么所谓"偏离"。这就形成了封闭性思维方式一个重要特征，即任何人或任何主体都只能在一种固定、统一、不变的模式中思维。实践证明，这种模式化了的思维方式，实质上是一种封闭性的思维方式，而这样的思维方式必然导致思想的僵化。

人们的思维一旦陷入封闭性的束缚，也就形成了一种几乎是僵死的所谓"模式化的思维"。这里所说的"思维模式"包括政治上的权力因素，诸如制度、体制、政策、法令等。这些具有权力性质的政治因素，对于维护社会生活的正常秩序来说是必要的条件。但是，如果变成了人的思想活动中某种固定不变的模式，就可能成为思想的一种桎梏。

封闭性思维的思想障碍是封闭性思维必然导致人趋向思想垄断的恶习。封闭性思维常常表现为一种权势主义思维方式，这就使它遏制人的思想发展。封闭性思维之所以具有如此严重的问题，是因为它实质上具有一种思想垄断的性质。

以思想专制为基础的专制主义社会，在文化思想方面与对外的自我封闭相应的，是内部的等级制的特权性封闭。对内的封闭性思维方式其特点是专制性质的等级性信息封锁，从而形成一种带有等级特权性的思维神秘主义。这种以权势主义为支撑的神秘主义思维方式，成为扼杀人的思维创造性的一种遏制力量。

以意识形态专制主义为特征的社会，往往是实行信息垄断的，特别是实行政治信息垄断制度。这样的垄断，就必然要形成一种以权力等级为基础的信息享有的特权等级制度。

那么，解决这个问题的途径何在？概括来说，这就是以开放性思维取代封闭性思维。这个问题，我们应该从开放性思维的本质和思想价值说起。

开放性思维或者说思维的开放性，在本质上是客观世界开放性形式的一种反映。从根本上说，开放性思维的实质就是人的思想的真正解放。实践证明，思想不能得到真正的解放，人的思维能力则无法发挥。这就是说，思维真正的开放，就是思想能够克服各种各样的束缚，得到彻底的解放。从这个意义上可以说，思维的开放与思想的解放，本质上是一致的。

那么，开放性思维的本质特征有哪些表现形式呢？第一个特点是能够跳出圈子想问题。客观世界的存在及其发展的无限性决定了人们的认识的无限性。但是，许多人往往为自己的认识设定了各种各样的"框框"。一个人只有跳出各种各样的"框框"，才能真正形成创造性思维。这里所说的"框框"，实际上就是已经形成的各种理论观念、学说，甚至那些常识、规矩等，并不是说它们错了，而是它们成为进一步思考的限制。

许多人都曾经有过这样的体会：在我们解决一个难题的开始阶段时，总是觉得办法太少，寻找不到比较合适的解决方案，但是，如果回头再想想，就会突然发现，实际上是给自己画了一个自己也跳不出去的圈子，即通常人们所说的画地为牢，自己把自己的眼界和认识无形地束缚起来了。

在现代的社会生活和政治生活中，这样的情形又何尝没有呢？比如有些人在解决某个问题的时候，也有过这样的毛病，他们往往把眼界放在自己能够看得到的地方，或者是在自己管辖的范围内去寻找解决方案，结果苦于办法太少。为什么会有这样的结果呢？因为他们实际上也是自己给自己画了一个逃不出去的圈子。

所谓"圈子"者，即人的认识的一个封闭系统也。但是，人类社会的发展极大地扩大了人的认识视野，急剧地突破了人类原有的认识范围。所以，人类要真正寻求真理，必须开辟出更广阔的认识天地，打破各种各样的认识"圈子"——要跳出圈子想问题。

"跳出圈子想问题"这的确是个重要的思维方式，那么，这样的思维方式的本质特点是什么呢？第一个特点是它的开放性质。实际上，这种开放的思维方式，其理论基础就是马克思主义，因为马克思主义就是一种开放的思想体系。在本质上，马克思主义是当代世界文明发展基本趋势的反映，而我们所生活的社会是一个开放的社会，我们所生活的世界是一个开放的世界。所以，在当今时代，如果把自己封闭起来，而又要求发展，那无疑是缘木求鱼。

第二个特点是必须做到科学研究无禁区。人的思维活动，在理论研究领域，其主要形式，无非就是对社会、人生的各种各样问题进行思想研究、理论探索、问题探讨，以及相应的一些讨论，等等。可想而知，如果没有了这样的一些研究、探索、探讨等，我们的思想很可能就会停止发展了，社会也就不会进步了。

在人类文明发展史中，中世纪的神学专制主义时期为了维护神权统治，曾经设立了不少的思想禁区——如托勒密的"地球中心说"。哥白尼打破了托勒密的神话，以"太阳中心说"取代之，这就是我们常常称赞的"哥白尼革命"。可以看出，在某些领域中设立禁区，只不过是当权者为了维护自己的根本利益，而凭借权势制造的一种相当脆弱的思想挡箭牌而已。

其实，在理论研究的过程中，包括在对马克思主义理论研究过程中，没有任何一种研究成果是最终的神圣的结论，所以，对这些研究成果都是应该允许提出质疑，并且还要鼓励人们继续探讨。这不但有利于整个科学事业和马克思主义理论的发展，而且有利于这些已有的成果不断完善、深化。否则，科学就不可能继续发展了，马克思主义理论水平也就无法不断地提高了。

在比较复杂的社会科学研究中也是如此。马克思主义是开放的、不断地发展的理论，这其中不存在所谓"思想禁区"，即没有不能进一步探讨的问题，否则，马克思主义也就不能继续发展了。

第三个特点是研究问题能够破除各种各样的思想界限，真正做到思想的完全解放。作为人的创造性思维成果，思想是人的积极认识活动的动态表现形式，而人的认识行为无论是在空间上还是在时间上都是无限的，这就决定了人的思想的开放性。思想的彻底的开放性，是对实际上存在着的思想的封闭性的一种否定。作为思想形成过程的思维的开放性，是在不断地否定思维的封闭性的过程中而形成的。

任何一种真正有价值的思想文化都是人类文明发展共同成果的一部分，逐渐地突破了地区和国家的局限性。这样，各国各地区的思想文化，就逐渐显示出了它们的开放性，这种开放性实质上反映了文明本身的人类性特征。

第四个特点是能够具有深刻的洞察力，尤其是能够表现出远见卓识的思维能力。在人类历史上，那些作出过杰出贡献的伟大政治家，其高超领导才能的一个突出表现是都有很强的洞察力，同时又具有远见。洞察力强而又高瞻远瞩，这就是说，远见卓识是卓越领导者的思维方式本质特征。实践证明，洞察力与远见，这是以开放性思维为其方法论基础的。

常言道：人无远虑，必有近忧。每个人要把握自己的命运和前途，没有一定的远见是不行的。什么是远见？就是视野开阔、目光远大，或者说，是那种深谋远虑和高瞻远瞩的思维能力。在某种意义上说，远见是与短见（短视）相对立的。远见实质上是一种开放性思维的表现形式，它会使我们的视野开阔，目光远大，能够使自己摆脱束缚，达到更高的思想境界。所以，要干大事业，必须要有远见。

马克思主义的科学理论是我们的根本指导思想，是我们进行工作和理论研究的科学思想方法论，甚至可以说是我们全部活动的生命线。正确认识马克思主义理论的科学实质，使之全部贯彻在我们的工作和研究活动过程中，是我们取得事业成功的思想保证。所以，如何不断地增强马克思主义的生命力，如何持续推进马克思主义科学体系的创新发展，成为我们的一个重要思想理论任务。那么，究竟如何才能完成这样的任务呢？这需要从认真研究马克思主义理论形成、创新和发展的基本规律开始，从而进一步探索这个科学理论体系创新和发展的主要途径。

从马克思主义形成、发展的基本历史过程中我们能够深刻认识到，

## 第七篇 从开放性思维到自由的哲学思维

马克思主义是在批判地继承人类文明发展成果过程中形成、发展和不断增强其理论生命力的。所以,我们研究、掌握、运用这个科学理论体系就必须把它放在多元、开放的人类文明世界中,使之能够充分借鉴那些有价值的思想成果,这样,就会使其理论更加丰富多彩,思想日益深刻,体系越来越科学。研究马克思主义理论的发展和创新,必须切实运用多元开放的思维方式。

马克思主义之所以具有科学的思想体系,是因为它形成于一种多元开放的世界性历史环境中。马克思主义之所以具有不竭的强大生命力,是因为它没有任何宗派主义和保守主义的气息,它是人类文明发展的集大成者,并且始终在批判地继承人类思想和文化发展中一切有价值的东西,所以,能够在实践的基础上不断地充实和丰富自己的理论体系,继续增强其理论的生命力。关于这个问题,从马克思主义理论体系的来源可以得到肯定性思想启示。马克思主义发展史说明马克思主义的三个组成部分,哲学、政治经济学、科学社会主义,它们分别来源于19世纪的德国古典哲学、英国的古典政治经济学和法国空想社会主义。并且,自其诞生之后,马克思主义也在不断批判地继承人类思想文明发展中那些有价值的思想,从而使自己日益丰富和完善起来,因此,能够在社会实践中显示出马克思主义的强大生命力。

列宁指出:"如果你们要问,为什么马克思的学说能够掌握最革命阶级的千百万人的心灵,那你们只能得到一个回答:这是因为马克思依靠了人类在资本主义制度下所获得的全部知识的坚固基础;马克思研究了人类社会发展的规律,认识到资本主义的发展必然导致共产主义,而主要的是他完全依据对资本主义社会所作的最确切、最缜密和最深刻的研究,借助于充分掌握以往的科学所提供的全部知识而证实了这个结论。凡是人类社会所创造的一切,他都有批判地重新加以探讨,任何一点也没有忽略过去。凡是人类思想所建树的一切,他都放在工人运动中检验过,重新加以探讨,加以批判,从而得出了那些被资产阶级狭隘性所限制或被资产阶级偏见束缚住的人所不能得出的结论。"① 列宁还指出:"马克思主义这一革命无产阶级的意识形态赢得了世界历史性的意义,是因为它并没有抛弃资产阶级时代最宝贵的成就,相反却吸收和改造了两千多年来人类思想和文化发展中一切有价值的东西。"② 应该肯定地指出,列宁所阐述的马克思主义的创造过程,显示了多元开放性思维方式的宝贵思想方法论价值。

列宁所说的这个道理,已经在马克思、恩格斯研究的事实中得到了有力的证明。马克思、恩格斯对人类知识几乎所有的重要领域,经济、政治、哲学、文化、历史、科学、艺术等,都有过深入的研究,他们理论体系中的每一个学说都有深厚的思想渊源和历史基础。这里举几个例子来说明我们的这个论点。

其一是马克思的年轻时代。我们都知道,辩证法是马克思主义哲学中的精华,那么,他的这个辩证法来源于哪里?马克思坦率地承认,是来源于德国古典哲学大师黑格尔。在马克思、恩格斯看来,黑格尔的唯心主义辩证法是马克思主义辩证法之前的辩证法的最高峰。马克思在谈到自己的思想形成过程时曾经说过:"在患病期间,我从头到尾读了黑格尔的著作,也读了他大部分弟子的著作。"③ 虽然马克思在以后系统严肃地批判过黑格尔的哲学,但是他始终真诚地承认自己是这位大哲学家的学生。

其二是马克思的中年。为了写作《资本论》,马克思在大英博物馆中把几乎所有的有关资料都翻阅过,据统计,他研究和利用过的书籍、文献达 1500 多种。正如列宁说的:"把马克思同达尔文相比是完全恰当的:《资本论》不是别的,正是'把堆积如山的实际材料总结为几点概

---

① 《列宁选集》第 4 卷,人民出版社 2012 年版,第 284—285 页。
② 《列宁选集》第 4 卷,人民出版社 2012 年版,第 299 页。
③ 《马克思恩格斯全集》第 47 卷,人民出版社 2004 年版,第 15 页。

括性的、彼此紧相联系的思想'。"① 完全可以这样说，马克思的《资本论》是人类经济发展史中有价值思想的集大成。

其三是马克思的晚年。《历史学笔记》是马克思晚年所写的一部史学手稿，马克思逝世后，恩格斯在整理这部手稿时，给它加了一个《编年摘录》的标题。如果翻阅一下这部大书，我们就会惊奇地发现，为了进一步掌握人类文明发展史中那些宝贵的思想财富，马克思在这个笔记中将公元前1世纪到公元17世纪中叶世界各国特别是欧洲各国的历史事件做了认真摘录，共有四册，中译本的字数是165万字。这是马克思毕生都在努力汲取人类社会发展中那些宝贵思想财富的生动写照。

马克思主义自其诞生，就一直在批判地继承人类文明积极成果的过程中不断向前发展。同样的，中国的马克思主义的形成、发展和不断完善，也是这样一个历史进程。从根本上说，中国的马克思主义的形成和不断地发展是马克思主义中国化的过程。这里所说的马克思主义的中国化，首先是对经典马克思主义的继承，并且使马克思主义与中国的实际相结合，随着时代的发展，在不断地总结实践经验基础上进行科学的理论概括，从而逐渐形成了具有中国特色的社会主义思想体系。

这一体系是在深厚的中国传统文化基础上形成的，并且是对中国优秀传统文化中那些有价值因素的不断升华。同时，我们还应该充分认识到，这一体系不仅建立在中国优秀传统文化基础上，是马克思主义中国化的产物，而且还是整个人类文明发展的继续和组成部分。我们必须在认真总结现实实践经验的过程中，在中华优秀传统文化和人类文明发展中汲取丰富的思想营养，这样，中国特色社会主义这棵马克思主义的思想之树，才能根深叶茂、茁壮成长。

现代社会科学发展的历史已经证明，马克思主义之所以是充满生命

---

① 《列宁选集》第1卷，人民出版社2012年版，第9—10页。

力的,是由于它产生于实践,因而有着无限的发展前景。这其中的一个关键,是马克思主义是一种完全开放的科学思想体系。所以,我们应该在开放性思维中推进马克思主义不断向前发展,不断地提高马克思主义理论水平。

我们为什么强调要在开放性思维中推进马克思主义不断向前发展,不断地提高马克思主义理论水平呢?这主要是取决于马克思主义是一种彻底开放性质的科学思想体系,所以,我们要学习、研究、掌握马克思主义的基本原理,就必须充分运用开放性思维的科学思想方法论。

马克思、恩格斯在《共产党宣言》中曾这样描述过:"美洲的发现、绕过非洲的航行,给新兴的资产阶级开辟了新天地。东印度和中国的市场、美洲的殖民化、对殖民地的贸易、交换手段和一般商品的增加,使商业、航海业和工业空前高涨……大工业建立了由美洲的发现所准备好的世界市场。世界市场使商业、航海业和陆路交通得到了巨大的发展。"[①] 资产阶级由于一切生产工具的迅速改进,由于交通的极其便利,把一切民族甚至最野蛮的民族都卷到文明中来了。资本主义创造了一个广阔开放的世界,一种更加开放的人类文明形式。

这里所说的文明,自然是资本主义的文明,不过须知,这个时候的资本主义文明恰恰是人类文明发展的、最高的共同形式。所以,作为文明的精华的哲学,也必然向着世界性的方向发展,日益深刻地反映出人类思维方式的开放性特征。作为资本主义时代的产物,决定了马克思主义必然也是一种完全开放的、世界性的思想体系。

这一点,在马克思主义早期哲学思想中已经有了相当鲜明的反映。青年马克思在其博士论文中就曾经预言过,随着人类社会的日益世界化,民族文化向世界文化的转变,同时意味着作为文化内核、文

---

[①] 《马克思恩格斯选集》第1卷,人民出版社2012年版,第401页。

化魂灵的哲学的全球化，民族哲学向世界哲学的转变，哲学不仅在内容方面而且也在形式方面成为真正的世界哲学或全球哲学。马克思指出："因为任何真正的哲学都是自己时代精神的精华，所以必然会出现这样的时代：那时哲学不仅从内部即就其内容来说，而且从外部即就其表现来说，都要和自己时代的现实世界接触并相互作用。那时，哲学对于其他的一定体系来说，不再是一定的体系，而正在变成世界的一般哲学，即变成当代世界的哲学。各种外部表现证明哲学已获得了这样的意义：它是文明的活的灵魂，哲学已成为世界的哲学，而世界也成为哲学的世界……这种哲学思想冲破了固定不变的、令人难解的体系的外壳，以世界公民的姿态出现在世界上。"[①] 马克思这里所说的"世界的哲学"就是面向世界的彻底开放的哲学。思想史的发展证明，面向世界的开放的哲学正是马克思主义哲学的本质特征。所以，我们只有以一种完全开放性的思维方式，才能真正理解马克思主义哲学的实质。

马克思主义是一种完全开放的科学思想体系，这就是说，它是无限发展着的科学思想体系。因此，我们必须克服那种封闭僵化的思维方式障碍，不断地增强开放性思维能力，在开放的世界中努力把马克思主义推进到更高的发展阶段。这也是不断地提高我们马克思主义理论水平的一个基本途径。

开放性思维的一个重要表现形式是，这样的思维必然是面向世界、面向未来，归根到底融入人类思想的共同发展。所以，我们必须改变封闭性的思维方式，真正形成一种完全开放的思维方式，在一个开放的世界文化中进行马克思主义的理论研究。

作为彻底开放的科学思想体系，马克思主义必然是不断发展着的科学理论，这就是说，我们必须认真掌握马克思主义基本原理，但是，绝

---

① 《马克思恩格斯全集》第1卷，人民出版社1956年版，第121页。

不能把马克思主义作为僵化的教条。那么，如何才能摆脱这样的思想困境呢？那就是必须认真总结实践经验，在新的科学概括中实现马克思主义的理论创新，以创新的马克思主义理论，来提高自己的思想理论水平。

# 第十九讲
# 增强自由的哲学思维　开创哲学智慧之源

我们已经从各个主要的方面系统认真地进行了对思维方式改造问题的研究，其主要目的何在？从根本上说，就是为了增强自由的哲学思维，努力深化思想解放，归根到底是为了真正做到实事求是，切实实践马克思主义的思想路线。那么，实现这个思想目标所需要的思维方式的本质表现形式究竟是什么呢？概括言之，这就是作为哲学思维最高形式的自由的真正实践。

应该承认一个严酷的事实，这就是对作为哲学范畴的自由，我们的哲学研究仍然没有达到令人满意的理论要求。所以，深化对自由思维的本质等问题的哲学研究，形成科学的现代自由哲学，不断地增强我们的自由思维能力，则是我们整个学界责无旁贷的理论任务。

这里，我们从自由范畴的起源和形成开始研究。自由（Freedom）这个范畴，起源和形成发展已经有了漫长的历史，在不同的社会时代，它都有不同的语言背景，含义也日益复杂。什么是自由？这是一个基本的理论问题，但是，这又是一个分歧比较大的复杂理论问题。就其语言背景而言，我们目前所使用的自由这个范畴，大多数是从西方学术界引进的；从历史上说，自由和自由主义，是近代西方资产阶级在反封建的革命中提出并奠定基础的，是资产阶级反对封建革命的旗帜，是作为封建专制主义的对立物而产生的。在现实中，对许多人来说，自由和自由主义是资本主义的基本意识形态，是西方社会的核心价值观。在肯定的意义上说，自由和自由主义是在与各种各样专制主义的斗争中发展和完善起来的，因此，自由具有反封建专制主义的本质特征。近代社会的自由观从其在反封建启蒙运动形成开始，经过了一系列的演变和发展，内涵日益丰富，同时也变得越来越复杂了。对自由的探索和实践，在中国近代以来走过了漫长而痛苦的道路，不断地总结经验教训，逐渐形成了以马克思主义为指导的有中国特色的社会自由观，就其本质特征来看，实际上应该称之为现代社会自由观。

总之，无论是作为理想追求的自由还是作为现实活动的自由，或者是作为学说和意识形态的自由，随着社会实践的发展，其内容越来越丰富，人们对自由这个范畴内涵及其本质、价值等的认识也会越来越深刻，越来越丰富，越来越多样化。有人认为自由是无法分析的，就像正义或民主一样，它是一个有争议的概念，所以，对自由范畴内涵的界定及其本质、价值等的分析都很难获得学术界一致的赞同。当然，这不应该成为我们不进行深入研究的理由。

对自由的哲学研究虽然有许多问题，仍然有待深入解决，但是，应该实事求是地承认一个历史事实，这就是长期以来中外学术理论界对自由的哲学思维这个问题已经进行了有价值的探索，特别是近代以来的各国思想家们都作出了宝贵贡献，所以，必须认真研究近代以来世界各国学术界关于自由问题的有价值思想成果，这是我们创立马克思主义自由哲学理论的重要历史基础。当然，我们不能简单地搬用历史上和当代各国学术界关于自由理论的研究成果来代替对马克思主义自由哲学的研究，而应该把研究的功夫主要放在总结实践经验并使之理论化上去。这样，才能使我们的马克思主义自由哲学研究既能够建立在坚实的历史基础之上，又能够具有鲜明的时代精神。

源于古代希腊时代的自由一词，应该是一个中性的概念。它的原始意义是人从束缚、奴役、虐待中解放出来，获得自立和自主。在现代生活的日常用语中，说一个人是自由的，就是指他（或她）的行动和选择不受他人的限制或阻碍。这就是说，一个人如果没有基本的行动选择权，他也就谈不上有什么自由。所以，与束缚、奴役、虐待，以及限制或阻碍相对立，这是自由一词的本来意义，自由的任何其他意义都由此延伸而出。

自由的"自"，即是自己，"由"，即是顺随，听从。自由者，就是自己顺从自己的意志、自己按照自己的主张去做，自己的事情由自己做主，其中核心的内容是个人的言行遵从自己的意志。如果用一句话概括：所谓自由，就是摆脱各种外在的束缚，不受限制或阻碍，自主独立地进行选择，按照自己的意志去行动和思考；或者也可以说，所谓自由，其意是指这样一种自信，每个人在做他认为是他自己的分内事时，都将不受权力、多数派、习俗和舆论等因素的影响，而受到保护。很显然，对自由思维基本内涵问题的研究都具有重要价值，但是，仍然需要深入的哲学探索，这里需要解决的关键问题是，我们应该更加深刻地研究作为哲学范畴的自由思维的本质及其特殊价值。

首先，作为哲学思维的自由，是人在遵循客观规律的基础上，其主观意志自由追求更大限度的实现形式，这种自由思维必然有利于促进思想的进一步解放。许多人在谈到什么是自由的时候，往往认为自由在本质上是人的意志的表现形式。应当认识到，这是关于自由的本质的主观的方面，但是，如果仅仅谈这个方面，我们对自由的本质的认识就有可能陷入形而上学的片面性中去。很显然，作为一种复杂的关系范畴，在认识论的领域中，自由并不是单纯的主观意识，而是存在于主观与客观的关系中。作为思想形态的自由，具有多重属性，这反映了自由的本质的复杂性。所以，在本质上，自由本身是一种充满了内在矛盾的复杂思维方式。这个矛盾的实质，就是人的认识中主观的自由意志与客观规律之间的矛盾。实践证明，谁能正确解决这个矛盾，谁就能真正获得自由的思维能力。

为了正确认识自由的本质，我们必须清楚地看到一个事实，即在人的自由意识中，始终存在着主观因素与客观因素的矛盾。所以，自由的本质是人的主观意志与客观必然性的历史统一，也就是说，人的自由思维的实现，必须不断地克服主观自由与客观规律之间的矛盾。这就决定了自由的实现实质上是从客观规律转化为主观意志的过程，自由的实质，就是在遵循客观规律基础上人的主观意志的实现形式。我们知道，在现实生活中，人们的自由不在于幻想中摆脱自然规律或者社会规律而独立，而在于认识这些规律，从而能够自觉地使这些规律为一定的目的服务。这就意味着自由是人的意志对客观规律能动地支配的能力，这里所说的对外部自然界的规律的支配，或对人本身的肉体存在和精神存在的规律的支配来说，都具有同样的意义。所以，自由思维的本质就是在遵循客观规律实践的基础上，使人的意志目标获得更大限度的实现。

作为人类的崇高价值目标，追求自由是人通过实践实现的一种认识上的飞跃。在这个飞跃过程中，人们究竟能够获得多大的自由，这主要取决于他们在遵循客观规律基础上的实践能力。这就是说，自由的实质是人的主观愿望与客观必然性在实践过程中所能够达到的统一的程度。所以，正视现实、认真研究实际情况、在实践中遵循客观规律，这是获得自由的根本途径；反之，那种无视客观实际、蔑视客观规律、为所欲为的人，不可能获得真正的自由思维能力。

我们还必须认识到，在现实生活中，人的自由意识中经常存在着权利与义务的矛盾，因此，追求自由实际上就是克服权利与义务之间矛盾的实践过程。这说明，自由的本质要求是权利与义务的统一。

从社会权利和社会规范意义上讲，所谓自由，是指人们在一定的社会关系体系中，得到社会的、法律的确认，并且受到法律、社会规范的保障，可以按照自己的意志选择并进行活动的权利。但是，没有无义务的权利，也没有无权利的义务。在现实社会生活中，人们在追求自由的时候，首先遇到的一个问题，是他们要取得某种自由，必须伴随着要履行相应的义务。如果你认真地履行了义务，那么，你就会获得相应的自由权利。反之，如果你只想得到某种自由，而拒绝履行相应的义务，那么，你将无法获得那种自由权利。自由意识本身包含着权利与义务的矛盾，所以，自由的实现，就是克服权利与义务之间矛盾的过程。这就说明，自由的本质应该表现为权利与义务的统一。

权利和义务的统一，表明了自由和责任不可分割。政治自由非常明显地体现了权利和义务这种一致性的原则。在法治社会中，对公民个人来说，他的自由权利是受法律保护的，但是，在其自由权利实现的过程中，还有一个社会公众利益与个人利益两者的关系问题。在现代民主政治制度的国家中，罢工的自由权利具有合法性，但是，某些公共事业的罢工往往会伤害一部分社会公众的利益。所以，有些国家对某些罢工有明确的法律限制，这是为了保护社会公众的利益。许多事实说明，在法治社会中任何人的自由权利的实现，都可能以牺牲另一部分人的自由权利为代价，这并不是真正的自由。因此，自由的本质要求恰恰就体现在个人自由权利与对社会公众承担义务的统一中。

我们已经获得的自由，包含着别人对我们的宽容，所以，我们自己在享受自由的时候，一定不要忘记同时担负着维护别人自由的责任。人们的自由是在共享中存在着的，否则，那种无视别人的自由的人，或者是一个肆意侵犯别人自由的人，他们不可能获得真正的自由。同样道理，那些尊重和维护别人的自由权利的人，他们理所当然地应该获得相应的自由权利。

自由既然是以正确反映主客观关系为基础的权利范畴，那么，任何一种自由就必然表现出一种具体的性质。这就是说，任何自由都不是抽象的。自由的主体是具体的现实的人，所以，自由是作为具体的人的意识的自由，而不是超人的想象中的自由。这就决定了自由是具体的，而不存在抽象的自由。马克思指出："我们的出发点是从事实际活动的人，而且从他们的现实生活过程中我们还可以揭示出这一生活过程在意识形态上的反射和回声的发展……它的前提是人，但不是某种处在幻想的与世隔绝、离群索居状态的人，而是处在一定条件下进行的、现实的、可以通过经验观察到的发展过程中的人。"① 这就是说，没有抽象的人，当然也就不存在抽象的人的抽象的自由。所以，我们研究自由的方法，只能从活生生的、具体的人出发，绝不能从抽象的人出发。一个真正获得了自由的人，他必然对自己所面对着的客观现实，能够如实地反映，也就是说，自由的获得者，必须实事求是，从实际出发，而绝不能从自己的想象出发。所以，必须坚持彻底的唯物主义原则，做一个实事求是的人，他才能真正进行自由思维。那么，这个自由思维的哲学根据是什么？这就是马克思说的"不是意识决定生活，而是生活决定意识"②。这说的是自由哲学思维的客观基础。

其次，人的自由思维的研究对象，是正确解决主观认识和客观必然性的矛盾，所以，在对客观必然性的认识和实践过程中，人能够获得越来越强的自由思维能力，从而会促进人的思想的更大解放。关于自由思维或者说自由的本质问题，近代以来的哲学家们，常常是从自由与必然的关系上来进行研究的。这就是说，自由作为人的哲学思维方式，不能归结为主观的产物，在本质上它是人的意识对客观事物及其发展规律的一种自觉反映形式。应该说，在这方面，近代以来的哲学家们，特别是马克思、恩格斯，已经取得了历史性的认识成果。他们的主要理论功绩就是确定了在人的认识领域中，自由的实质存在于主观认识和客观必然性的矛盾之中，或者说，存在于自由与必然性的关系中。自由的本质是什么？概括言之，自由就是人对客观必然性的认识和实践。这是对自由思维的本质的一个深刻哲学概括。

对这个问题的肯定性论述，即在自由与必然性的关系中来探索自由的本质的哲学研究，在欧洲哲学史上，斯宾诺莎是一位思想先驱。他写道："凡是仅仅由自身本性的必然性而存在、其行为仅仅由它自身决定的东西叫做自由（libera）。反之，凡一物的存在及其行为均按一定的方

---

① 《马克思恩格斯全集》第 3 卷，人民出版社 1960 年版，第 30 页。
② 《马克思恩格斯全集》第 3 卷，人民出版社 1960 年版，第 30 页。

式为他物所决定,便叫做必然(necessaria)或受制(coata)。"① 这就是说,自由是包括必然性在内的。

19世纪的德国哲学开始深入地研究这个问题,这就是在自由与必然性的统一中,在偶然性与必然性的统一中,来探索自由的本质。"自由是对必然的认识",便是德国启蒙哲学的一个重要认识成果。应该说,黑格尔对这个思想进行了更加深刻的阐述。对此,马克思、恩格斯都做了充分的肯定,并且进一步发挥了他的思想。总而言之,自由是人对必然性的认识和实践。

黑格尔在从必然性与自由的关系中来阐述自由的本质问题时,曾经指出"必然性的真理即是自由"。当然,这还只是一种抽象的自由,因为必然性与自由二者并不是简单的等同关系。黑格尔指出:"必然性首先包含着这样的意思:即一个对象或内容骤然遭遇着某种别的东西的阻碍,使得它受到限制,而失掉其独立自存性。这就是直接的或抽象的必然性所包含的坚硬的和悲惨的东西。在必然性里表现为互相束缚,丧失独立性的两方面,虽有同一性,但最初也只是内在的,还没有出现在那受必然性支配的事物里。所以从这种观点看来,自由最初也只是抽象的,而这种抽象的自由也只有通过放弃自己当前的存在情况和所保有的东西,才可能得到拯救……这就是由必然性转化到自由的过程,而这种自由并不单纯是抽象的否定性的自由,而反倒是一种具体的积极的自由。由此也可看出,认自由与必然为彼此互相排斥的看法,是如何地错误了。无疑地,必然作为必然还不是自由;但是自由以必然为前提,包括必然性在自身内,作为被扬弃了的东西。一个有德行的人自己意识着他的行为内容的必然性和自在自为的义务性。由于这样,他不但不感到他的自由受到了妨害,甚且可以说,正由于有了这种必然性与义务性的意识,他才首先达到真正的内容充实的自由,有别于从刚愎任性而来的

---

① 〔荷〕斯宾诺莎著,贺麟译:《伦理学》,商务印书馆1983年版,第4页。

空无内容的和单纯可能性的自由。一个罪犯受到处罚,他可以认为他所受到的惩罚限制了他的自由。但事实上,那加给他的惩罚并不是一种外在的异己的暴力,而只是他自己的行为自身的一种表现。只要他能够认识这点,他就会把自己当作一个自由人去对待这事。"① 在这里,黑格尔从必然与自由二者的内在关系及其互相转化过程中,来阐述"自由以必然为前提"、自由"包括必然性在自身内"的理论见解,显然是很深刻的思想——这是辩证法的自由思维。

在充分肯定黑格尔关于自由是对必然的认识这个宝贵思想之后,马克思、恩格斯把自己的自由观建立在了自由与必然之间辩证关系基础上。关于这个问题,恩格斯有一个系统的论述。他指出:"黑格尔第一个正确地叙述了自由和必然之间的关系。在他看来,自由是对必然的认识。'必然只有在它没有被理解时才是盲目的。'自由不在于幻想中摆脱自然规律而独立,而在于认识这些规律,从而能够有计划地使自然规律为一定的目的服务。这无论对外部自然的规律,或对支配人本身的肉体存在和精神存在的规律来说,都是一样的。这两类规律,我们最多只能在观念中而不能在现实中把它们互相分开。因此,意志自由只是借助于对事物的认识来作出决定的能力。因此,人对一定问题的判断越是自由,这个判断的内容所具有的必然性就越大;而犹豫不决是以不知为基础的,它看来好像是在许多不同的和相互矛盾的可能的决定中任意进行选择,但恰好由此证明它的不自由,证明它被正好应该由它支配的对象所支配。因此,自由就在于根据对自然界的必然性的认识来支配我们自己和外部自然;因此它必然是历史发展的产物。最初的、从动物界分离出来的人,在一切本质方面是和动物本身一样不自由的;但是文化上的每一个进步,都是迈向自由的一步。"②

在充满风险的历史长河的跋涉中,人类越来越深刻地认识到,人的

---

① [德]黑格尔著,贺麟译:《小逻辑》,商务印书馆1980年版,第323—324页。
② 《马克思恩格斯选集》第3卷,人民出版社2012年版,第491—492页。

命运，归根到底取决于每个人能够获得多大程度的自由。而这样的肯定意义上的自由，实质上是如何认识和运用必然性中的偶然性，获得更多的自由选择。事实证明，能够充分运用必然性中的偶然性，我们将获得更多的选择。其中的关键，就是科学理解人的自由意志或意志自由与客观必然性的关系问题。

应该承认一个事实，即直到今天，仍然有些人对自由，特别是意志自由或者自由意志，怀有某种偏见，一旦谈到自由，就不免表现出几分莫名的恐惧感。所以，我们有必要对马克思、恩格斯关于自由的思想、意志自由或者自由意志的观念的实质，有一个科学的认识。在这个问题上，恩格斯的这个思想是具有启发意义的。他把人的自由与文化联系起来，是要说明自由的本质存在于文化之中，或者说，人的自由在本质上就是一种文化，自由的获得在文化的进步中。这里所说的"文化的进步"，主要是指人的认识水平的提高，而这其中的实质内容就是人在对必然性的把握中能够获得更多的认识自由，从而使自己的智慧和能力得到更大的增强。由上述的研究我们可以明确指出，自由的本质就是人对必然性的认识和能动的实践。

再次，作为哲学范畴的自由思维实际上是人的一种独立自主的思想表现形式，这就是说，自由思维是作为主体的人的一种自觉思想活动。所以，自由思维具有明显的主体性。就自由思维主体性的这一本质特征来看，它必然成为人的思想解放的一种内在根据。

有一种观点认为，所谓自由，说到底就是作为主体的人的一种独立自主权利。约翰·密尔认为："任何人的行为，只有涉及他人的那部分才须对社会负责。在仅只涉及本人的那部分，他的独立性在权利上则是绝对的。对于本人自己，对于他自己的身和心，个人乃是最高主权者。"[①] 这就是说，自由是个人这个主体的权利行为，从这个意义上可

---

① 〔英〕约翰·密尔著，许宝骙译：《论自由》，商务印书馆1959年版，第11页。

以说，自由就是自主，自己个人的决定权，他们的行为不受干涉、不受阻挠、不受强制、不受摆布。这就意味着，自由思维就是人作为主体那种不受强制、不受束缚、不被依附的独立自主的思考，很显然，这是人的思想解放的一种内在根据。

当然，人的自由并不仅仅是那种不受强制、不受束缚、不被依附的简单的自主行为，实质上它是人的一种主体权利行为。在现代法治社会中，积极自由的实质是主体的自由选择权利，如果没有主体选择的自由权，就谈不上什么自由。所以，在英国著名法学家泽格蒙特·鲍曼看来，现代法治社会已经为人们的生活设定了一种特殊的法律制度。他强调以"单独的个人"为主体，因为在现实社会生活中，只有这样的主体才能成为自由的真实主体。我们完全可以说，作为独立个人的这种自由选择，本质上具有明显的主体性，它显示了作为个体的人的一种强烈的独创精神。

当然，我们也需要知道，自由的选择权并不是与生俱来的东西，所以，究竟要选择怎样的人生道路，归根到底要取决于你自己这个主体。一个人的自由思维，是不可剥夺的，因为它是作为主体的人的一种思想权利。

自由或者说自由思维，作为人的主体性的表现形式，意味着人之所以是自由的，实质上是由于他并不是任何人或者任何机构的附属物，并不隶属于任何人或者任何机构。所以，在一定意义上可以说，所谓自由，就是个人的自主独立，或者说，自由说到底是某个人的意志自由。就主观方面而言，自由是什么？就是作为个人的主体意识，这可以说是自由的根本内容。对人的自由的这个方面的肯定，是极端重要的，因为舍此就不成其为人了。但是，这样的自由并不是一种浪漫主义的幻想，而是一种具体的现实。很显然，因为这样的自由思维必须在一定社会条件下才有实现的可能。这就是说，任何一种自由本质上都是一种社会性质人际关系的反映形式，都是相对于社会关系而言的，完全脱离现实社会关系的那种绝对自由只存在于幻想之中。

那么，真正的个人自由实现的社会条件是什么呢？从马克思、恩格斯的共产主义理论中我们可以看出，这样的社会条件就是资本主义社会之后的共产主义社会中的那种"社会共同体"。因为"只有在共同体中，个人才能获得全面发展其才能的手段，也就是说，只有在共同体中才可能有个人自由"①。从主体性这个角度来看，人的自由主要是指个人的实际自由而言的，既具有获得自由的社会条件，又具有获得个人自由的能力。没有这样的个人实际自由，所谓的自由是没有意义的。所以，马克思认为，人们所追求的理想社会的实现需要"全人类的解放"，而这个"全人类的解放"，是建立在"每个人的解放"基础之上的。"个人的自由发展"是全人类解放和社会改造的目的。"要不是每一个人都得到解放，社会本身也不能得到解放。"② 这就是说，在未来的社会中，社会共同体的前提，是"每个人的自由发展是一切人的自由发展的条件"③。这就是说，在社会的发展中，个人自由是有决定意义的，它不但是社会发展的标志，是衡量社会发展状况的最终尺度，而且是社会发展的最终目的。所以，不是个人自由服从社会、国家，而是社会、国家必须以个人自由的全面发展为目的。

现代社会的发展说明，自由是个人全面发展的基础，也是个人发展的前提，而自由是人的"自觉自愿""不受阻碍"的发展，在此基础上才能有"全面"发展。所以，我们可以越来越清楚地看到，马克思、恩格斯在谈到自由的问题时，非常强调"个人的自由发展"这样的理念。关于这个问题，马克思还进一步明确指出，在消灭了资本主义制度的未来的社会共同体中，每个人都是作为独立的个人参加的，这样才能称之为真正的社会有价值共同体，而只有"在真正的共同体的条件下，各个

---

① 《马克思恩格斯选集》第 1 卷，人民出版社 2012 年版，第 199 页。
② 《马克思恩格斯全集》第 20 卷，人民出版社 1971 年版，第 318 页。
③ 《马克思恩格斯选集》第 1 卷，人民出版社 2012 年版，第 7 页。

人在自己的联合中并通过这种联合获得自己的自由"[1]。而只有在这样的社会共同体中，才能实现"每个人的自由发展是一切人的自由发展的条件"这一目标。恩格斯在《社会主义从空想到科学的发展》中曾经指出的："随着社会生产的无政府状态的消失，国家的政治权威也将消失。人终于成为自己的社会结合的主人，从而也就成为自然界的主人，成为自身的主人——自由的人。"[2]

现代文明发展的实践证明，个人的自由思维，或者说自由思维着的个人，是任何一种社会的活力根源之所在，其实质是每个人的思想解放。所以，一个没有个人自由的社会，将是一个思想僵化的社会，一个没有希望的社会。但是，必须认识到，自由或者说自由思维，在本质上归根到底是作为社会真实主体的个人的自由。这里所说的社会真实主体，实质就是人们所具有的独立人格，它是个人自由的现实基础。就自由作为人的主体性实质而言，那么，争取自由，从根本上说，就是一种自己解放自己的过程，就其实质而言，是作为主体的人的思想解放。很显然，这对每个人来说，对一个社会集体来说，对一个国家民族来说，都是深刻的创造性发展动力。

---

[1] 《马克思恩格斯选集》第1卷，人民出版社2012年版，第199页。
[2] 《马克思恩格斯选集》第3卷，人民出版社2012年版，第817页。

# 第二十讲
# 以多元开放性思维为思想基础创造社会主义现代文明

人类社会的发展是从野蛮走向文明的基本过程。很显然，这里所说的文明，是相对于野蛮而言的。野蛮与文明的本质区别，在不同的时代具有不同的特点。这里所说的社会主义现代文明是相对于资本主义社会性质的野蛮，特别是相对于前资本主义社会（主要是指原始社会、奴隶制社会、封建社会）性质的野蛮而言的。这里所说的野蛮主要是指社会体制方面的，如经济、政治、法治、思想文化领域的集权、专制、封闭之类的社会弊端。我们将会越来越清楚地看到，经济、政治、法治、思想文化领域的文明权力结构，市场经济体制、民主政治体制、法治社会体制、以"百花齐放、百家争鸣"方针为指导的文化科学体制的有机结合，这就是社会主义现代文明的实质。

当然，我们也必须深刻认识到，这个文明时代的到来，是要付出代价的，并不是自然而然的事情，实践将证明，没有我们自觉、积极、努力的奋斗，不可能自然而然地就到来。我们所希望的文明时代的到来，需要有各种各样的条件，其中的一个基础性的条件就是社会主义现代文明的形成和发展必须以马克思主义哲学思维为基础。

那么，究竟什么是文明的时代，什么是文明的社会呢？我们应该对作为哲学范畴的文明的内涵，给予一个科学的解释。关于这个问题，恩格斯有过一个阐述，他在研究家庭、私有制和国家起源问题时，曾经把人类社会的发展史，分为"野蛮时代"和"文明时代"，什么是文明时代呢？他指出："文明时代是社会发展的这样一个阶段，在这个阶段上，分工、由分工而产生的个人之间的交换，以及把这两者结合起来的商品生产，得到了充分的发展，完全改变了先前的整个社会。"[1] 从人类社会文明史的发展中我们已经看到，随着商品经济、市场经济体制的产生，相应的民主政治体制、法治社会体制、自由的文化科学体制，形成了完全新型的文明时代。这个新型文明的产生，是以深刻的思维方式变革为思想先导的。具体来说，这就是以多元开放性思维为思想基础，把我们引向一个新型的社会主义现代文明。

这里需要首先指出的是，"社会主义现代文明"毕竟是人类文明的一种形态，它必然具有一般文明的一些本质上共同的特点。所以，这里首先对文明这个范畴进行一些考察。

那么，这种现代新型文明究竟是一种什么性质的文明？这个问题的关键是要明确认识两个历史条件。首先，要明确我们建设的是社会主义性质的文明，其次，要明确社会主义文明是人类文明的一种形式。所以，必须遵循人类文明发展的基本方向，沿着人类文明发展的共同道路，建设有中国特色社会主义的现代文明。那么，这样的现代文明的现实基础应该是什么样的呢？根据近代以来人类文明建设的历史经验教训总结，可以概括为：现代文明必须建立在多元开放性体制基础上，而这样的多元开放性体制，主要就是在社会主义社会制度的基础上形成现代市场经济体制、现代民主政治体制、现代法治社会体制和自主自由的文化科学体制的有机结合，这就是我们要创造的社会主义现代文明。

首先，谈谈现代市场经济体制建设、完善和发展的问题，这是社会主义现代文明的经济体制基础。在人类文明发展史上，市场经济体制的兴起和完善，形成了一个开放多元性的全新世界。在推翻了封建专制主义体制之后，资产阶级建设了世界性市场，对于形成开放多元性的国际

---

[1]《马克思恩格斯选集》第4卷，人民出版社2012年版，第190—191页。

社会这一历史贡献是不能抹杀的。对此,马克思、恩格斯在《共产党宣言》中有过这样精彩深刻的论述:"资产阶级在它已经取得了统治的地方,把一切封建的、宗法的和田园诗般的关系都破坏了。它无情地斩断了把人们束缚于天然尊长的形形色色的封建羁绊。它使人和人之间除了赤裸裸的利害关系,除了冷酷无情的'现金交易',就再也没有任何别的联系了……不断扩大产品销路的需要,驱使资产阶级奔走于全球各地。它必须到处落户,到处开发,到处建立联系。资产阶级,由于开拓了世界市场,使一切国家的生产和消费都成为世界性的了……过去那种地方的和民族的自给自足和闭关自守状态,被各民族的各方面的互相往来和各方面的互相依赖所代替了。物质的生产是如此,精神的生产也是如此。各民族的精神产品成了公共的财产。民族的片面性和局限性日益成为不可能,于是由许多种民族的和地方的文学形成了一种世界的文学。"[①] 这就是说,资产阶级运用市场经济体制,创造了一个与封建主义社会体制完全不同的开放多元性的新世界。可见,新型文明的建立是以思想变革为基础的——从封闭僵化到开放多元的思维方式改造为基础的。

其次,谈谈努力进行社会主义民主政治体制建设的问题,这是社会主义现代文明的政治基础。建立现代市场经济体制的经济体制改革具有基础性质的意义,但是,如果没有相应的政治体制改革,这个经济体制改革的历史成果很难得到保证。这就是说,没有民主政治体制的市场经济体制,是不稳定的,并且很有可能半途而废。市场经济体制与民主政治体制二者的这种特殊关系是现代社会文明发展的经验教训已经证明了的。这就是说,要下决心全面建设和完善社会主义市场经济体制,就必须切实加强政治体制改革,努力建设社会主义民主政治体制。

文明发展的实践证明,民主政治体制建设,也必须以思维方式改

---

① 《马克思恩格斯选集》第1卷,人民出版社1995年版,第274—276页。

造——形成多元开放性思维为哲学基础。民主政治作为人类现代政治文明的一种基本形式，它的实质是社会成员的权力主体地位，并且切实形成一个面向社会的真正开放的权力体系。所以，实行民主政治是消灭原始野蛮的人治和专制体制、走向现代政治文明的根本途径，这一点在社会主义民主政治的实践中获得了充分的体现。社会主义民主政治体制的本质是人民当家作主，它的切实实行能够使整个社会成员真正成为政治主体，从而形成真正的最大限度的广泛参与，有力地打破了任何一种形式的权力垄断，形成完全开放的现代政治文明体系。只有在这种真正多元开放的权力结构体系中，才能使越来越多的社会成员真正成为政治权力主体，使他们的政治主动性和积极性获得充分的展现，从而使整个社会更加充满生机和活力。

从民主的起源上可以看出，资产阶级革命打破了封建体制的僵化、单一、封闭的本质，创造了一个多元开放的文化体制，资本主义民主正是在这样的文化体制基础上建立起来的。历史实践已经证明，没有多元开放的文化体制，就没有资本主义民主。在一定意义上可以说，资本主义民主是在多元开放的文化土壤中生长起来的，因此，资本主义民主应该具有多元开放的本质特征。

作为人类政治文明新阶段的社会主义民主，批判地继承了资本主义民主的这个文明基础，把民主提到了更高的历史水平，这就决定了社会主义民主的发展应该建立在更高水平的多元开放的文化体制基础上。这就是说，作为一种社会政治体制的民主，多元开放必须是它的政治文明本质特征。所以，如果没有多元开放的本质特征，那就不可能称之为社会主义民主政治体制。

为什么民主政治的复杂运行过程能够确保权力制约机制中的人民主体地位呢？这是因为，作为现代社会的权力制约机制，民主政治之所以能够发挥作用的前提，是建立完善的多元并存、互相制约的权力结构体系。社会主义民主政治体制的实践经验使我们更加深刻认识到民主这一权力制约机制的实质和重要价值。其中的一个重要问题，就是从根本上改变高度集权的体制，依法实行适度分权，因为没有分权，权力制约机制的运行无从谈起。

再次，谈谈如何进行社会主义法治社会体制建设，这是社会主义现代文明的法治基础。法治是对人治而言的，建设法治体制，这是社会发展从野蛮走向文明有决定性意义的途径。所以，建设社会主义法治社会体制，这是社会主义现代文明的一个基本要素。什么是"法治"？在对法治的研究方面一个比较重要的学术成果，是著名的《牛津法律大辞典》对"法治"概念的涵义所做的阐述。这部权威的法学辞典认为："法治〔Rule of Law〕一个无比重要的、但未被定义、也不是随便就能定义的概念，它意指所有的权威机构、立法、行政、司法及其他机构都要服从于某些原则。这些原则一般被看作是表达了法律的各种特性，如：正义的基本原则、道德原则、公平和合理诉讼程序的观念，它含有对个人的至高无上的价值观念和尊严的尊重。在任何法律制度中，法治的内容是：对立法权的限制；反对滥用行政权力的保护措施；获得法律的忠告、帮助和保护的大量的和平等的机会；对个人和团体各种权利和自由的正当保护；以及在法律面前人人平等。"[1] 应该认为，《牛津法律大辞典》对法治的这个解释是比较全面的，值得我们认真研究。

党的十八届三中全会在《中共中央关于全面深化改革若干重大问题的决定》（以下简称《决定》）中郑重提出"推进法治中国建设"的任务，其中明确指出："深化司法体制改革，加快建设公正高效权威的社会主义司法制度，维护人民权益，让人民群众在每一个司法案件中都感受到公平正义。"并且强调要"维护宪法法律权威"，"要进一步健全宪法实施监督机制和程序，把全面贯彻实施宪法提高到一个新水平。建立健全全社会忠于、遵守、维护、运用宪法法律的制度。坚持法律面前人

---

[1] 〔英〕沃克编辑，北京社会与科技发展研究所译：《牛津法律大辞典》，光明日报出版社1988年版，第790页。

人平等，任何组织或者个人都不得有超越宪法法律的特权，一切违反宪法法律的行为都必须予以追究。"《决定》还特别强调要求"确保依法独立公正行使审判权检察权"，"健全司法权力运行机制"。在此基础上，《决定》特别提出要"完善人权司法保障制度"，明确强调指出："国家尊重和保障人权。进一步规范查封、扣押、冻结、处理涉案财物的司法程序。健全错案防止、纠正、责任追究机制，严禁刑讯逼供、体罚虐待，严格实行非法证据排除规则。逐步减少适用死刑罪名。"《决定》还具体规定"废止劳动教养制度，完善对违法犯罪行为的惩治和矫正法律，健全社区矫正制度"，"健全国家司法救助制度，完善法律援助制度"，等等。[①]

可以看出，在这种司法思想指导下，我国的司法制度改革取得了日益明显的成就，随着社会主义改革开放的深入发展，我国的法治建设正在走向越来越高的历史阶段，一个现代法治中国正在不断地完善和发展着，正在融入人类文明发展的共同道路。

---

[①] 参见《中共中央关于全面深化改革若干重大问题的决定》，人民出版社2013年版，第31—35页。

# 后　记

在一个相当长的时间里，我一直在思考哲学研究必须解决的一个理论任务，这就是为不断推进社会主义改革开放事业继续发展需要，应当如何进行思维方式改造的哲学理论课题。现在的这本《哲学思维二十讲》，可以说是这个课题的初步研究成果。当然，这并不意味着这个理论任务的完成，而只是作为继续深入研究的一个理论基础，以求教于对此热心的同志们。

这个课题能够完成，首先要感谢中共中央党校出版社的领导和编辑部同志的大力支持。在搜集写作资料的过程中，中共中央党校（国家行政学院）图书馆帮了大忙，我的几位老朋友也鼎力相助。这都是我终生难忘的事情。

宋惠昌

2024 年 3 月